한솔영유아교육과정 놀이 이야기 1

빛놀이

도닥서가

「놀이 이야기 시리즈」를 발간하며

어린이에게는 삶에서 보고 듣고 만나는 많은 것들이 새롭고 흥미로우며 궁금하다. 어린이는 자연이나 사물, 혹은 주변의 또래나 어른 등 누구든 무엇이든 만나면 자기 방식과 자기 속도로 알아가기 시작한다. '알아감'의 과정에서 판단하고 행동하는 주도성, 주변을 활용 및 조절하는 경험, 몰입과 궁리하며 해결하는 기쁨 등이 연결되고 통합된다. 그러므로 어린이는 타고난 학습자로서 스스로 성장하는 힘이 있는 존재이다.

한솔어린이보육재단 어린이집은 어린이의 삶과 교육이 통합되는 교육으로서 놀이 중심 교육의 실현을 고민해 왔다. 어린이집 교사들이 하게 되는 비슷한 고민을 나누고 각 어린이집의 상황과 맥락에 맞는 개별적인 교육 실현을 위한 노력이 이어졌다. 이 과정에서 한솔어린이보육재단은 '행복하게 살아갈 힘이 있는 어린이'라는 교육 비전에 따라 교육이 나아갈 방향과 함께 구체적인 교육 접근을 모색하였다.

교육 현장과 재단이 공동으로 실천해 온 그간의 과정이 집대성되어 「한솔영유아교육과정 총론」이 출간되었다. 총론에서는 한솔영유아교육과정의 특징을 1. 발현적 교육과정을 추구하며 2. 환경 구성을 통해 교육 가치를 실현하며 3. 관찰과 기록을 통해 성장과 발달을 지원하고 4. 교육목표와 연계된 배움영역을 지원하고 5. 부모와의 긴밀한 협력으로 정리하고 있다.

교육 현장의 교사는 매 순간 교육적 질문과 대면하고 선택해야 하는 상황에 놓여 있다. 교사의 크고 작은 선택들은 곧 교육 행위이자 실천으로 연결된다. 교사의 교육적 책무를 재단이 함께 하고자 「놀이 이야기 시리즈」를 발간하게 되었다. 「놀이 이야기 시리즈」는 재단 어린이집의 교육 실천 사례 중에서 한솔영유아교육과정의 다섯 가지 특징을 잘 보여주고 있는 내용으로 구성되었다. 빛놀이, 블록놀이, 상상놀이, 그리기놀이, 자연놀이, 몸놀이, 게임

놀이, 책놀이, 점토놀이, 디지털놀이의 총 10권의 사례집에서 어린이의 놀이 흐름에 따라 놀이 중심의 교육을 실행하는 교사의 역할을 구체적으로 보여줄 것이다. 어린이의 흥미와 관심을 발견하여 보다 깊은 배움으로 이어지도록 돕는 실제 사례들은 초임교사뿐만 아니라 놀이 지원을 고민하고 있는 경력교사에게도 유용할 것이다.

저출산에 따른 어린이집 운영 위기에도 불구하고 재단 어린이집에서 어린이들은 삶을 영위하면서 자라나고 있다. 교육 책무성과 자율성을 갖춘 재단 어린이집의 교사들은 어린이를 만나고 사랑하면서 배움과 성장이 있는 교실을 만들기 위해 고군분투하고 있다. 어린이의 삶과 교육이 통합되는 교육과정을 완성하기 위한 어린이집과 교사의 노력이 10권의 사례집 「놀이 이야기 시리즈」에 담길 것이다. 재단 어린이집 교사들의 사랑과 헌신, 교육을 위한 진지한 고민과 실천에 경의와 박수를 보낸다.

2025년 3월

한솔영유아교육연구소

「놀이 이야기 시리즈 1. 빛놀이」의 활용안내

🌱 본 사례집은 '빛놀이'에 대한 개념적 이해와 준비를 위한 Part 1, 영아와 유아의 '빛놀이' 사례를 보여주는 Part 2, '빛놀이' 환경을 안내하는 Part 3로 제시되었으므로 '빛놀이'의 관찰과 지원에서 교사의 역할을 구체적으로 인식할 수 있다.

🌱 본 사례집은 0세부터 5세까지의 연령에서 나타나는 '빛놀이'의 다양한 놀이 양상을 보여주고 있다. 연령별 차이로 고정하기보다는 '빛놀이'에 대한 관심과 접근방식, 배움의 내용에서 변화의 흐름으로 인식할 수 있다. 어린이의 경험과 특성은 개별적 차이가 크므로 적합한 사례를 참고하여 활용할 수 있다.

🌱 본 사례집은 연령별 '빛놀이' 사례에서 어린이의 관심과 흥미에 따른 교사의 생각과 고민을 함께 보여줌으로써 발현적 교육과정을 운영하는 교사의 어려움과 해결 방안을 공유할 수 있다. 이 고민에 대한 교사 협의와 지원의 예시를 통해 교사는 놀이 지원을 위한 다양한 의견 및 지원 내용을 교육 현장 상황에 맞게 활용할 수 있다.

🌱 본 사례집은 '빛놀이' 사례마다 어린이의 배움 내용을 정리하고 있다. 배움영역은 한솔영유아교육과정의 목표에 따라 설정된 것으로 8개 '빛놀이' 사례가 신체건강, 창의탐구, 언어문해, 사회정서, 자연환경, 예술경험에서의 배움과 어떻게 연결되고 있는지를 보여준다. 어린이의 놀이가 어떤 배움으로 이어지는지를 인식함으로써 어린이의 배움과 성장을 위한 적절한 지원을 할 수 있다.

Part 1
어린이의 빛놀이

1. 어린이는 빛놀이를 어떻게 시작할까요 ～～～～ 10
2. 어린이는 빛을 만나 어떻게 놀이할까요 ～～～～ 20
3. 어린이는 빛놀이를 통해 무엇을 배울까요 ～～～～ 30

Part 2
빛놀이 사례

I. 영아 사례

1. 그림자와의 첫 만남 (0세) ～～～～ 36
2. 그림자는 안 무서워! (1세) ～～～～ 48
3. 혹부리 영감과 빛 (2세) ～～～～ 60
4. 누구 그림자일까? (2세) ～～～～ 78

II. 유아 사례

1. 아스칼라 동굴, 상상력을 펼쳐 봐! (3세) ～～～～ 96
2. 통과되는 빛과 통과되지 않는 빛 (3세) ～～～～ 116
3. 햇빛과의 숨바꼭질 (4세) ～～～～ 134
4. 우리가 만든 그림자 시계 (4·5세) ～～～～ 150

Part 3

부록

1. 놀이환경 ~~~~~~~~~~~~~~~~~~~~~~~~~~~~~~~~~~~ 174
2. 추천도서 ~~~~~~~~~~~~~~~~~~~~~~~~~~~~~~~~~~~ 182
3. 에필로그 ~~~~~~~~~~~~~~~~~~~~~~~~~~~~~~~~~~~ 188

Part 1
어린이의 빛놀이

① 어린이는 빛놀이를 어떻게 시작할까요
② 어린이는 빛을 만나 어떻게 놀이할까요
③ 어린이는 빛놀이를 통해 무엇을 배울까요

1
어린이는 빛놀이를 어떻게 시작할까요

해가 떠 있는 오전과 오후, 햇빛 가득한 날의 창가 풍경, 햇빛이 드리워진 교실에서 어린이들은 '햇빛'이라는 경이로운 자연을 경험합니다. 어린이의 '빛놀이'는 일상적인 경험 가운데 자연스럽게 일어나곤 합니다. 빛이 반사되어 번쩍이는 벽면이나 알록달록 빛 같이 우연한 발견으로 시작되기도 합니다. 빛에 대한 감수성이 높아지면서 마법 같은 놀라움이나 신기함으로 어린이의 호기심이 자극될 때 주변의 빛에 대한 탐색을 보다 적극적으로 하게 됩니다. 특히 '빛'의 아름다움과 심미성으로 어린이는 더욱 감각적으로 놀이에 몰입하게 됩니다. 빛놀이를 하기에 적합한 환경으로 빛과 어둠이 조성된다면 적절한 정도의 빛과 어둠 사이에서 어린이는 창조적인 놀이 에너지를 느낄 것입니다. 생활 주변에서 볼 수 있는 '빛'에 대한 태도와 가치 함양을 지향하는 교사라면 자연스럽게 일어나는 어린이의 '빛놀이'를 놓치지 않고 지원할 수 있을 것입니다.

일상적 경험과 자연스럽게 연결되며 시작되는 빛놀이

- 어린이들은 창을 통해 날씨와 하늘, 나무, 해, 자연의 소리를 관찰한다.
- 매일 창밖을 내다보는 놀이를 하면서 자연스럽게 맑은 날의 햇빛에 반응한다.
- 교실 바닥의 빛에 관심을 가지면서 '빛과 그림자' 놀이를 시작한다.
- 일상적으로 산책하면서 자연스럽게 그림자를 경험한다.

"비가 와~ 이거 봐봐. 빗방울이 떨어지네~"

어린이들은 창문을 통해 날씨와 자연을 느꼈다. 비가 잦아들면 창문으로 보던 바깥 자연으로 나오곤 했다.

어린이들은 교실로 스며든 한줄기 빛에 반응하며 놀이했다.

"여기 시원해.", "여기 뜨거워."

로운이는 빛과 그림자를 넘나들면서 말했다.
로운이는 그림자와 빛을 온도로 느끼고 있었다.

시환이는 미끄럼틀 끝에서 몸을 앞뒤로 움직이며 그림자의 변화를 탐색했다.
그러다가 몸을 아주 천천히 일으키면서 '똑같이 천천히 길어지는' 그림자의 변화를 지켜보았다.

우연한 발견으로 시작되는 빛놀이

🌷 교실에 환한 빛이 들어오자 어린이는 바닥에 움직이는 자신의 손가락 그림자를 발견한다.

🌷 느리고 작은 움직임으로 환한 빛과 검은 움직임을 탐색한다.

🌷 빛의 반사를 우연히 발견한 어린이는 의도적으로 움직이면서 빛 반사를 만든다.

손가락으로 밝은 빛을
만져 보기도 하면서
그림자에 눈길을 두었다.
손가락을 조금씩 꼬물거리면서
빛과 그림자를 한동안
들여다보았다.

"우와! 우와!"

핸드폰놀잇감에 반사된 빛이 천장에 보였다. 핸드폰놀잇감을 움직이면 이 빛도 움직였다. 도진이는 이 놀이를 반복했다. 다음 날, 도진이는 핸드폰놀잇감으로 빛 반사 놀이를 했다. 옆에서 현서도 도진이처럼 핸드폰놀잇감으로 빛 반사 놀이를 했다. 그렇게 빛 반사 놀이에 대한 흥미가 친구들에게 번져갔다.

"어! 그거 어떻게 했어?"

"이거 이렇게 하면 돼!"

환경이 마련되었을 때 시작되는 빛놀이

- 숲속 분위기를 살려 마련한 환경에서 어린이들은 '숲속 동굴'을 떠올린다.
- 좁고 어두운 공간에서 '빛놀이'가 시작된다.
- 도담뜰 한 켠에 만든 '작은 버섯 동굴'. 이곳에 있는 손전등과 모빌, 투명/불투명 물건들에 관심을 가진다.
- '작은 버섯 동굴'에서 어린이들은 동굴의 밝기 정도를 스스로 조절하며 어둠과 빛의 놀이를 자연스럽게 시작한다.

"동굴은 진짜 새까매. 더 새까맣게 만들고 싶다!"

어린이들은 손전등을 요청했고 자유롭게 손전등을 조작하며 놀이했다.

어린이들은 '작은 버섯 동굴'에 관심을 가지고 손전등에 관심을 보였다. 손전등 조작을 하기 시작하면서 빛놀이가 시작되었다.

이전 놀이가 연장되면서 시작되는 빛놀이

- 좁고 낮은 어두운 미끄럼틀 밑 공간에서 어린이들은 숨기 놀이를 시작한다.
- 교사가 "짠~" 손전등 빛을 비추면 어린이들은 "까악~" 소리지르며 웃고 신나하면서 놀이를 즐긴다.
- 어둠을 밝히는 손전등과 무드등에 흥미를 느낀다.
- '보물보관소'는 보물을 모아놓은 곳이기도 하고 어둠 속의 손전등 빛에 더 반짝거리는 보물의 '빛'을 보기 위한 곳이다.
- '보물보관소'에서 일어나던 빛놀이는 옷의 스팽글 장식에 반사된 빛과 연결되어 교실 공간으로 확장된다.
- 어린이들에게 '반사된 작은 빛들'은 새로운 놀이 세계가 된다.

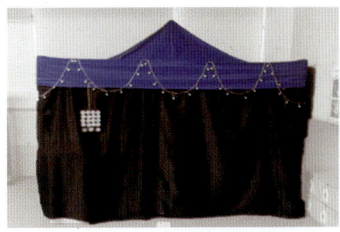 

보물보관소에서 손전등으로 보물을 찾다 보면 보물에 반사된 알록달록한 빛이 생겼다. 어린이들은 이 빛을 '무지개'라 부르면서 무지개빛을 찾곤 했다. 그러면서 빛에 점점 민감해졌다.

교사는 손전등을 들고 어린이를 찾아다니는 척 놀이에 참여했다. '숨기 놀이'를 하다 자연스럽게 빛놀이로 이어졌다.

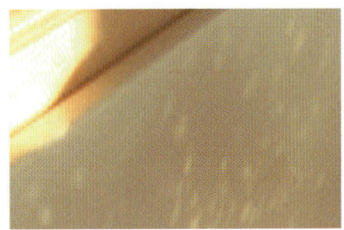

어린이 옷의 스팽글에 반사된 빛이 벽면에 작게 반짝였다. 움직이는 작은 빛에 관심을 가지면서 빛놀이가 시작되었다.

교사의 교육적 판단으로 시작되는 빛놀이

- 햇빛이 잘 드는 창가에서 교사가 손으로 만든 그림자를 보면서 어린이들은 여러 동물을 연상한다.
- 교사는 1세 어린이들이 그림자로 놀이하며 '빛'에 대한 경험적 이해가 쌓여가기를 기대한다.
- 바깥놀이에서의 그림자놀이가 교실에서 이어질 수 있도록 교사는 교실 바닥에 어린이의 그림자로 놀이자료를 제시한다.
- 교사가 '10시'와 '햇빛의 세기'에 대해 이야기하자 5세 어린이들은 '시각'에 대한 각기 다른 생각을 말한다.
- 교사는 5세 어린이들이 햇빛의 움직임으로 시간의 흐름을 경험할 수 있을 것이라 판단하여 빛놀이를 지원한다.

자신의 몸과 물체를 움직이며 따라 움직이는 그림자를 바라보았다. 그림자의 모양과 즉각적인 변화를 즐기면서 '나와 그림자'의 관계에 대한 관심을 나타냈다.

가연: 햇빛이 너무 세서 눈이 부셔.

교사: 그러게, 아직 10시 밖에 안 되었는데 햇빛이 강한 것 같다~

하민: 열시? 그럼 아침인 건가?

하준: 아니지~ 엄마가 아침은 8시라고 그랬어~

가윤: 맞아! 그리고 저녁은 9시부터야, 엄청 깜깜했거든.

다음날,

"오늘도 햇빛이 엄청 들어와!"

"10시인가 봐~ 어제도 10시에 햇빛이 엄청 세서 선생님이 10시라고 알려 줬잖아."

2
어린이는 빛을 만나 어떻게 놀이 할까요

어린이는 '빛'을 만나 몸의 움직임과 감각으로 놀이합니다. 몸과 감각을 사용하면서 '빛놀이'를 하다 보면 자연스럽게 '빛'에 대해 알아갑니다. 자신이 다루어 낼 수 있는 범위 내에서 자신이 알아갈 수 있는 만큼 '빛'의 특성이나 성질을 이해합니다. 특히 다양한 날씨 가운데 나타나기도 사라지기도 하는 '햇빛'과 놀이하면서 어린이는 예상치 못한 새로운 현상을 마주하게 됩니다. 일정하게 변화해가는 '햇빛' 현상을 이해하고 설명하기 위해 어린이의 '빛놀이'는 계속됩니다.

어린이에게 '빛'은 그 자체로 일상적이고 익숙한 것입니다. 그러므로 어린이는 '빛'으로 놀이하면서 '빛'을 자기 방식으로 쉽게 다루어 냅니다. 놀이하기 쉬운 재료로서 '빛'은 어디에나 있고 심지어 조절 및 통제 가능한 부분이 있기 때문입니다. '빛'은 어린이의 탐색행동에 즉각적인 반응과 변화를 보여주는 매력적인 자료입니다. 그러므로 적절한 놀이 지원이 이루어진다면 어린이가 '빛놀이'에 몰두하면서 보다 긴 호흡으로 놀이하게 될 것입니다.

있는 그대로의 빛을 탐색하기

🧡 어린이들은 빛을 마주하는 순간 호기심을 가지고 탐색하기 시작한다.

🧡 어디서 어떻게 온 빛인지에 대한 원인이나 출처를 파악하기보다는 눈 앞에 보여지는 빛 자체를 궁금해하고 몸과 감각을 움직이며 빛을 경험한다.

- 교실에 빛이 생겼어요
- 빛은 따뜻해요
- 빛을 몸으로 가려 봐요
- 주변에 또 다른 빛들을 찾아보아요

빛의 특성을 알고 실험하기

🔸 빛 자체에 대한 탐색을 하다 보면 자연스럽게 빛의 특성을 조금씩 알아가게 된다.

🔸 '아, 이런 특성도 있었구나'를 알게 되면 어린이들은 동일한 현상을 다시 관찰하기 위해 똑같은 놀이를 반복해 보기도 하고, 기대하는 현상을 위해 실험하거나 반대로 행동해 보면서 예측하지 못했던 새로운 현상을 마주하기도 한다.

- 빛은 생기기도 하고 없어지기도 해요
- 빛이 없으면 깜깜한데, 빛을 비추면 환하게 잘 보여요

빛을 통해 새로운 현상과 마주하기

- 빛을 통해 자연스럽게 그림자라는 새로운 특성을 마주하게 한다.
- 어린이들은 놀이하면서 상호 연관된 특성의 현상들을 발견한다.
- 이때 어린이들은 탐색을 넘어 특성이나 원리를 의도적으로 활용하는 놀이로 나아가게 된다.
- 어린이들은 자신의 이전 경험으로부터 영감을 얻어 각자 개별적인 방향으로 놀이를 이끌어 간다.
- 그렇게 놀이는 끊임없이 연결되고 변형되어 간다.

햇빛

- 햇빛이 조금씩 움직이고 있어요
- 햇빛은 일정하고 규칙적으로 움직여요
- 햇빛은 구름에 가려지기도 해요
- 비가 오면 햇빛이 사라져요

빛 그림자(반사된 빛)

- 빛 그림자는 ~~ 같아요
- 빛 그림자가 생기는 물건이 있어요
- 무지개 빛 그림자를 찾아요
- 빛 그림자는 움직여요
- 빛 그림자가 생길 때도 있고, 안 생길 때도 있어요

색깔 빛 그림자(투과된 빛)

- 빛에 색깔이 있어요
- 투명한 그림자가 있어요
- 서로 다른 색의 빛 그림자가 섞이면 새로운 색깔이 나타나요
- 색깔 빛 그림자는 손이나 몸에 무늬처럼 생겨요

그림자

- 빛이 있는 곳에는 그림자가 있어요
- 그림자가 나타났어요. 그림자가 사라졌어요
- 그림자가 커지기도 하고, 작아지기도 해요
- 그림자는 모양이 있고, 그림자 모양이 다 달라요
- 내가 움직이면 그림자도 움직여요

새롭게 만난 빛 현상을 또 다른 놀이 자료로 활용하기

- 어린이들이 개별적인 속도와 방식으로 놀이를 하다 보면 반복적으로 새로운 빛 현상들을 만나게 된다.
- 새로운 현상들은 다시 놀이 자료가 되어 다른 놀이를 만들어 낸다.
- 친구들과 함께 놀이하면서 나름의 경험적 논리와 원리로 설명되고 공유되면서 새로운 놀이는 또 다른 새로운 놀이로 연결된다.

- 누구의 그림자일까
- 그림자를 만들어요

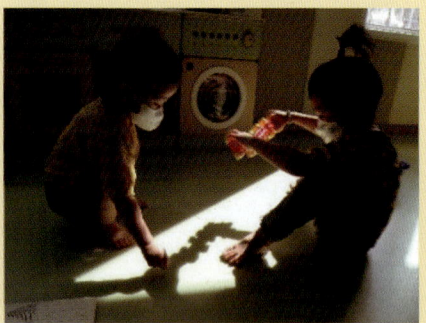

- 그림자 크기가 달라져요

- 그림자가 생기는 위치가 달라져요

- 그림자로 이야기를 만들어요

3
어린이는 빛놀이를 통해 무엇을 배울까요

어린이는 빛놀이를 하면서 자연스럽게 그림자를 발견하게 됩니다. 어린이는 자신의 호기심과 놀이 방식, 그리고 또래간 협력으로 나와 그림자, 빛과 그림자 간의 관계를 알아갑니다. 우리의 생활주변에서 볼 수 있는 다양한 빛을 발견하고 찾을 수 있는 시선이 확대되고 그 빛을 조작함으로써 빛의 성질과 특성에 대한 지식을 습득합니다. 우리의 따뜻하고 편안한 일상을 위해 빛이 얼마나 중요한 역할을 하고 있는지를 알게 됩니다. 특히 자연의 빛으로서 햇빛의 발견과 우리 일상적 삶과의 관계를 경험하게 됩니다.

'빛'을 통해 어린이는 자연에 대한 경외심과 아름다움을 느낍니다. 생명과 성장의 원천으로서 '햇빛'은 삶과 놀이를 위한 무한한 시공간이 됩니다. 어린이는 '햇빛'과 함께 자연을 만나고 '햇빛'과 더불어 놀이하면서 '빛'에 대한 심미적 감수성을 키워갑니다. '햇빛 가득한 세상'을 아름답게 볼 줄 아는 눈, '빛'에 의해 다르게 보여지는 시각적 변주곡을 민감하게 감지하는 감각을 길러가게 됩니다.

빛놀이의 교육적 기대

그림자
- 빛이 있으면 그림자가 생겨요
- 그림자는 색깔이 있기도 하고 없기도 해요
- 그림자는 시원해요
- 그림자가 움직여요

빛의 종류
- 햇빛이 있어요
- 내가 켜고 끌 수 있는 빛이 있어요
- 색깔이 있는 빛이 있어요

빛의 성질
- 색깔 빛은 섞여요
- 빛은 통과하기도 하고 통과하지 않기도 해요
- 반사되는 빛이 있어요
- 빛은 앞으로 나가요
- 따뜻한 빛이 있어요

빛의 역할
- 빛은 어둠을 밝혀 주어요
- 빛이 있으면 그림자가 생겨요
- 따뜻한 빛이 있어요

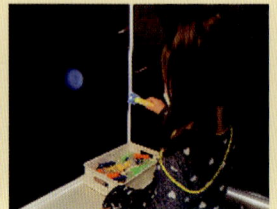

어린이의 '빛놀이'에 대하여 교사는 나름의 교육적 기대를 가지는 것이 필요해요.

'빛놀이'에 대한 교육적 기대는 어린이들이 빛을 만나면서 어떤 생각과 경험을 하게 될 것인가에 대한 방향성이라고 할 수 있어요. 물론 이 방향성은 여러 방향일 수도 있고 달라질 수도 있어요.

교사가 교육적 기대를 가지고 있을 때 이 방향성을 돌아보면서 놀이를 이해하고 지원할 수 있어요. 그러므로 교사는 '빛놀이'를 통한 배움의 순간을 포착하는 안목을 높일 수 있어요.

Part 2
빛놀이 사례

1 영아 사례

- 그림자와의 첫 만남 (0세)
- 그림자는 안 무서워! (1세)
- 혹부리 영감과 빛 (2세)
- 누구 그림자일까? (2세)

2 유아 사례

- 아스칼라 동굴, 상상력을 펼쳐 봐! (3세)
- 통과되는 빛과 통과되지 않는 빛 (3세)
- 햇빛과의 숨바꼭질 (4세)
- 우리가 만든 그림자 시계 (4·5세)

그림자와의 첫 만남

🧡 연령: 0세 / 기간: 3개월

맑은 날씨의 어느 날, 어린이가 가리키는 벽면에 좀 전에는 없었던 하트 그림자가 나타났다. 햇빛과 어린이집 건물 주변의 울타리가 만들어낸 하트그림자는 맑은 날 나타났다가 사라지는 마법이었다.

놀이흐름

'하트모양'을 발견했어요 → 내 마음대로 움직이는 '검은 모양'

↓

그림자에 색깔이 생겼어요

↓

'검은색 열기구 모양'이 보여요

'하트모양'을 발견했어요

"어! 어!"

이현이는 교실 천장을 손가락으로 가리키며 소리를 내고 있었다. 이현이의 손가락과 목소리의 적극적인 안내를 따라 시선을 옮겨 보니 하트모양 그림자가 있었다. 교실 창문으로 햇빛이 들어오면서 생긴 어린이집 주변의 울타리 그림자였다.

"안! 안!"

교사에게 외치며 손을 뻗어 안아 달라고 표현한다. 교사는 어린이를 안고 하트모양 쪽으로 이동한다. 그림자와 가까워지자 하트모양을 잡아보려는 듯 그림자를 향해 손을 뻗어 벽을 만져 본다.

맑은 날씨에만 볼 수 있는 하트모양 그림자! 그런데, 장마가 지속되면서 그림자는 더 이상 교실에 나타나지 않았다. 그림자에 대한 관심은 자연스럽게 줄어들었고 점차 어린이와 교사의 기억에서 잊혀졌다.

교사의 생각과 고민

- 높은 곳에 있어서 교사의 시선에서도 잘 보이지 않는 그림자를 어떻게 발견했을까?
- 그림자인 줄 알고 있을까?
- 0세 어린이는 그림자를 무엇이라고 생각하고 있을까?

협의 및 지원

A: 그림자가 시각적인 이미지로 새롭게 다가온 건 아닐까요?
B: 어린이들이 그림자를 어떻게 만나가는지 좀 더 관찰해 보면 좋겠어요.

내 마음대로 움직이는 '검은 모양'

그러던 어느 날, 교실 바닥에 엎드려 즐거워하는 은성이와 이현이를 발견하게 되었다. 교실 바닥에 비친 한 줄기 햇빛에 모여 손가락을 움직이고 있었다. **손가락 움직임에 따라 즉각적으로 달라지는 검은 모양(그림자)의 변화를 즐기고 있었다.** 바닥의 햇빛 가운데 만들어진 검은 모양(그림자)은 어린이의 움직임에 반응하면서 달라지고 있었고 어린이의 얼굴에는 함박 미소가 생겼다.

그림자에 색깔이 생겼어요

교사의 생각과 고민

- 자연스럽게 생긴 놀이에 대하여 어떻게, 무엇을 지원해 주어야 할까?
- 그림자를 만나고 놀이하는 경험을 어떻게 하면 지속적으로 이어줄 수 있을까?

협의 및 지원

A: 환경 조성을 통해 그림자 경험과 관심을 높이는 정도로 지원해 보면 어떨까요?

B: 교실에서 이루어지고 있는 '모양놀이'와 연결해 보도록 할까요? 관심이 더 많아질 것 같아요.

다양한 모양으로 자른 셀로판지를 교실 창문에 붙여 주었다. 햇빛이 화창한 날이면 햇빛과 함께 알록달록한 색의 모양 빛이 교실 바닥에 나타났다.

어린이는 알록달록 햇빛 위를 기거나 걷기도 하고 친구 발 밑과 내 몸 주변에 생긴 검은 모양을 유심히 살펴보기도 했다. 알록달록 모양 빛을 잡으려고 손을 쥐었다 폈다 하기도 했으며 그때 생기는 검은 모양을 유심히 들여다보면서 다시 자기 손을 쥐었다 폈다를 반복하기도 했다. 바닥에 보이는 모양 빛과 검은 모양이 마음처럼 잡히지 않는지 교사의 손을 이끌어서 바닥의 검은 모양을 잡아 보라고 하기도 했다.

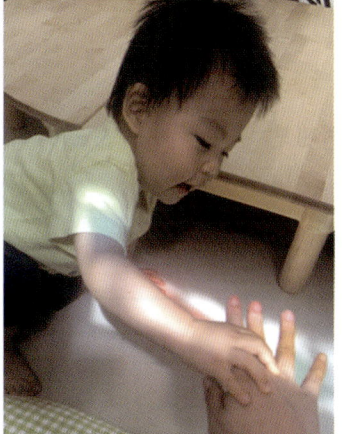
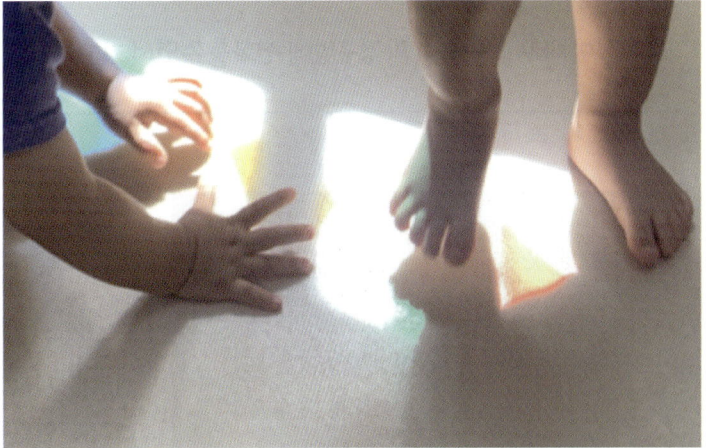

놀이과정

놀이 흐름	'하트모양'을 발견했어요	내 마음대로 움직이는 '검은 모양'
 어린이의 관심과 흥미	교실 천장에 생긴 검정 '하트 모양'을 발견함	햇빛에 비춰서 생긴 그림자를 발견하고 자신의 몸을 움직여 검은 모양을 만듦
 교사의 생각과 고민	어떻게 그림자를 발견했을까? 그림자를 무엇이라고 생각할까?	그림자 만나는 경험을 어떻게 하면 지속적으로 이어 줄 수 있을까?
 협의 및 지원	그림자와의 만남을 관찰해 보기로 함	빛, 그림자, 모양놀이가 만날 수 있는 환경을 조성함

* 어린이의 관심과 흥미, 교사의 고민, 협의 및 지원은 순환적으로 이루어짐

| 그림자에 색깔이 생겼어요 | '검은색 열기구 모양'이 보여요 |

모양 빛을 여러 감각으로 탐색하고
다른 사람과 공유함

모빌과 모빌 그림자를 비교해 봄

몸을 움직이며 자신의 그림자를 탐색함

색깔 빛, 그림자 탐색의 기회를
더 만들 수 있을까?

빛, 그림자, 물체와의 관계에 대한 실험을
이어갈 수 있을까?

발현되는 놀이와 표현에 반응하고
계절 변화에 따른 환경구성에 변화를 줌

빛, 그림자를 만나고 있는 어린이의
모습을 사진으로 되돌려 줌

놀이와 연결된 어린이의 배움

신체건강
- 대근육과 소근육을 움직이며 그림자를 탐색

언어문해
- 자신의 생각과 의도를 다른 사람에게 소리와 몸짓으로 전달

사회정서
- 자신의 의도적인 움직임과 그림자 반응을 탐색하는 놀이의 즐거움을 표출

예술경험
- 생활과 주변에서 비슷한 모양을 발견하는 경험

자연환경
- 날씨와 계절의 변화에 따라 달라지는 햇빛을 경험

창의탐구
- 자신의 행위에 대한 즉각적인 반응으로 그림자 인식
- 몸의 움직임과 감각을 통해 햇빛과 그림자를 탐색

놀이와 연결된 어린이의 배움은 어린이가 경험하고 있는 배움의 내용 중 몇 가지를 정리한 것이다. 배움의 내용은 개별 어린이마다 다를 수 있으며 어린이와 놀이는 수많은 가능성을 가지고 있다. 교사는 이러한 배움의 내용을 참고하여 어린이의 경험을 읽어 내며 전문가로 성장해 갈 수 있다.

그림자는 안 무서워!

🌷 연령: 1세 / 기간: 4개월

학기 초, 어린이는 교실 벽에 비친 자동차 그림자를 무서워했다. 일상에서 만나는 모든 것들이 새롭고 신기한 어린이에게는 그림자가 미지의 대상인 것 같았다. 일상생활에서 당연한 듯 보게 되는 그림자가 어린이의 시선에서는 전혀 다른 의미일 수 있다는 생각을 하게 되었다. 교사는 교실 안의 또 다른 그림자를 찾아보기로 하였다.

놀이흐름

그림자는 안 무서워! → 빛이 움직여요 → 손전등으로 비추어요 → 재미있는 모양 그림자

그림자는 안 무서워!

나은이는 학기 초부터 교실 벽에 비친 자동차 그림자를 보고 손사래를 치며 무서워하곤 했다.
"무셔~, 무셔~", "시여(싫어)~"
어느 날, 교실 바닥에 환하게 드리워진 빛을 나은이가 관심 있게 바라보고 있었다.

나은: (빛이 들어온 교실 바닥을 가리키며) 어? 이거 뭐지?
교사: 이게 뭘까?
나은: 빛이야!

나은이는 환하게 들어온 것이 '빛'이라는 것을 알고 있었다.
교사는 적극적으로 그림자를 만들어 보였다.

교사: (빛이 들어오는 창문에 손을 흔들며) 나은아, 안녕~
나은: (그림자에 하이파이브를 하며) 안녕~

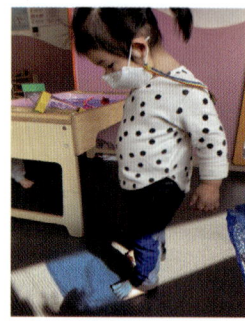

빛이 들어오는 창문 쪽으로 교사가 파란색 시트지를 들자 파란색 빛이 생겼다.

나은: 우와! 파란색이야~ 바다야!

나은이는 파란색 바다에 발을 담갔다. 첨벙첨벙 물장구 치듯 뛰기도 하고 수영하듯 팔다리를 휘젓기도 했다.

교사와 그림자 놀이를 한 이후로 교실에 문득 그림자가 나타날 때도 나은이는 이전의 두려움을 보이지 않았다. 나은이가 그림자를 무서워하지 않게 되면서 교사와 어린이의 일상에서 그림자에 대한 놀이는 사라져 갔고 시간은 흘렀다.

교사의 생각과 고민

- 빛, 그림자에 대한 나은의 흥미가 사라진 걸까?
- 빛과 관련된 놀이가 다시 일어나지 않을까?
- 다른 어린이들도 나은이처럼 빛놀이에 관심이 없어진 걸까?

 **협의 및 지원**

A: 나은이가 엄청 흥미로워했던 경험이어서 다시 흥미가 생기지 않을까요?
B: 우리 일단 기다려 보기로 해요.

빛이 움직여요

여름이 지나갈 무렵, 예준이와 나은이는 돋보기를 가져와 예준의 사진을 유심히 살펴보기 시작했다. 관찰 대상보다는 자신의 눈에 돋보기를 가까이 대고 살펴보는 모습이었다.
돋보기를 이리저리 움직이던 예준과 나은이는 **돋보기에 반사된 빛, 그리고 빛의 움직임을 발견하게 되었다.**

예준: (바닥의 빛을 가리키며) 선생님, 이것 봐!
교사: 이게 뭐지?
예준: …

예준이는 말없이 돋보기를 이리저리 움직이며 바닥에 비친 빛의 움직임에 집중했다.

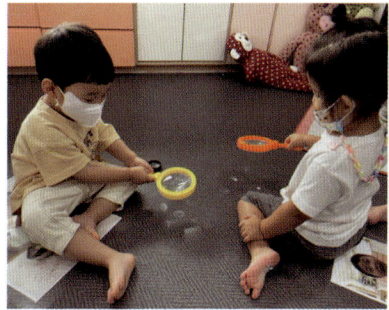 

나은이는 작은 돋보기를 들고 옷장으로 향했다. 매끄러운 옷장에 돋보기를 가까이 대었더니 여러 개의 빛이 나타났다. 돋보기를 움직이자 빛은 다양한 형태와 크기로 변화했다. 나은이는 손을 뻗어 해파리를 잡는 시늉을 하며 즐거워했다. 해파리를 잡는 시늉을 하던 나은이는 옷장에 비친 검은 손 그림자를 발견했다. **나은이는 손을 쥐었다 폈다하는 움직임을 반복하면서 '검은 나은이 손'이 어떻게 움직이는지를 탐색하였다.**

"해파리야!"　　　　　　　　"이거 뭐지?　　　　　　　검은 나은이 손이 움직인다.
　　　　　　　　　　　　이것 봐! 나은이 손이야."

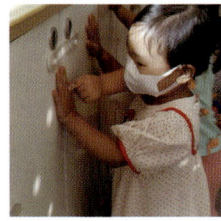 민서와 담희는 친구들이 돋보기를 움직이며 만들어 내는 빛을 잡고 있다. 빛이 손 위에 나타나는 것을 알아차린 어린이는 친구에게 이것을 알려주고 있다.

민서: 잡았다.
담희: (손을 가리키며) 여기! 여기!
민서: 어! 여기도 있네!

교사의 생각과 고민

- 어린이들이 돋보기를 움직이면 빛이 따라 움직인다는 인과관계를 이해하고 놀이하고 있다.
- 빛과 그림자에 대해 가지고 있는 개념, 이미지를 떠올리고 표현한다.
- 빛과 그림자에 대한 관심을 어떻게 지원하면 좋을까?

 협의 및 지원

A: '움직이는 빛' 놀이를 위해 손전등을 어린이 수만큼 제공해 주기로 하면 어떨까요?
B: 손전등을 이용하여 더욱 적극적으로 빛의 움직임을 탐색할 수 있을 것으로 기대가 되네요.

손전등으로 비추어요

태훈이는 교실 여기저기를 손전등으로 비추다 우연히 천장에 만들어진 커다란 손전등 빛을 흥미로워하였다.
책상, 교구장과 놀잇감을 비추던 태훈이는 블록에 만들어진 그림자를 발견하였다.

태훈: 귀상어다!
예준: 선생님, 이것 봐! 그림자야!

어린이는 자신이 좋아하는 동물 사진이나 모형, 놀잇감 등에 빛을 비추며 놀이하다가 자연스럽게 그림자에 관심을 보였다.

재미있는 모양 그림자

교사의 생각과 고민

- '그림자'를 자연스럽게 발견하도록 지원할 수 있는 방법이 또 있을까?
- 그림자에 큰 관심을 보이지 않는 다른 어린이들도 함께 놀이할 수 있는 방법은 있을까?
- OHP 기계를 지원하고 싶은데 우리반 어린이들이 사물에 몸을 잘 기대는 경향이 있어 안전사고가 발생하지는 않을까?
- 그림자에 더 큰 관심을 보이게 할 수 있는 다른 안전한 방법은 있을까?

협의 및 지원

A: 어린이들의 관심을 따라 자연스럽게 접근하는 것이 좋을 것 같아요.
B: 최근 어린이들이 공룡에 관심이 있으니 공룡 모양 틀을 준비해 주면 자연스러울 것 같아요.

햇빛이 화사하게 교실 바닥으로 드리워진 날, 교사는 창문에 모양 틀을 가까이 댔다.
교실 바닥에는 햇빛만큼 선명한 공룡 그림자가 나타났다.

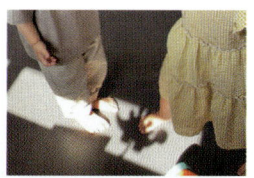

나은: 우와! 공룡이다!
예준: 나은아, 공룡이야.

나은이와 예준이는 공룡 그림자를 밟기 시작했다.
교사가 공룡 그림자를 움직이자 어린이들도 그림자를 따라가며 밟았다.

나은: 나도 할래!

여러 종류의 공룡 모양 틀을 주었더니 자신이 원하는 공룡을 선택하여
햇빛에 대어 보았다.

그림자에 흥미가 생긴 어린이들은 익숙한 듯 손전등을 가져와 이곳저곳을 비추면서 바닥과 벽에 비친 그림자를 보며 즐거워했다. 교사는 그림자가 더 선명하게 보일 수 있도록 교실의 전등을 껐다. 어린이의 손전등 비추기 놀이는 더욱 즐거워졌다. 그러던 중 나은이가 우연히 천장을 향해 손전등을 비추자 모빌의 그림자가 선명하게 보였다.

나은: (천장을 가리키며) 선생님, 이것 봐!
태훈: (교사에게 안기며) 이거 뭐지? 괴물인가?
교사: 태훈이는 괴물처럼 보였어?
태훈: 무서워, 괴물이야.
나은: (천장의 천 모빌을 가리키며) 괴물 아니야~ 이거야!

어른에게는 자연의 현상인 '빛'이 어린이에게는 호기심과 신비로움, 무한한 궁금증의 대상인 것 같다. 그림자를 무서워하며 교사에게 안기던 어린이는 빛과 함께 그림자를 탐색하면서 자연스럽게 빛과 그림자의 관계를 경험했다. 손과 발을 움직이면 그림자가 같이 움직이고 손전등 빛은 움직임에 따라 커지기도 작아지기도 했다. 어린이들에게는 움직일 때마다 빛과 그림자가 변화하는 것이 마법처럼 느껴지진 않았을까? 마법 같은 체험 가운데 이것이 '그림자'라는 이름을 가지고 있으며 이 검은 모양이 '나은이 손 그림자'이고 천장의 거대한 것이 '모빌 그림자'라는 '빛과 그림자의 관계성'을 어린이는 경험으로 쌓아 가고 있었다. 거대하고 검으며 꿈틀거리는 것 같은 '그림자'를 미지의 두려운 존재로 느끼는 어린이에게 "괴물 아니야~ 이거야!"라는 친구의 말은 '빛과 그림자의 관계성'을 알려 주는 동시에 '무서워하지 않아도 괜찮아'라는 다독거림으로 느껴졌다. 어린이들은 '빛과 그림자'로 상상하고 탐색, 소통하면서 성큼 성장하고 있었다.

놀이과정

놀이 흐름	그림자는 안 무서워!	빛이 움직여요
어린이의 관심과 흥미	교사와 그림자놀이를 하며 그림자에 친근함을 표현하였으나 그림자 놀이는 서서히 사라짐	돋보기에 반사된 빛, 빛의 움직임 발견함 돋보기를 움직여 빛을 움직이고 그림자를 만들어 냄
교사의 생각과 고민	빛, 그림자에 대한 어린이들의 흥미가 사라진 걸까?	빛과 그림자에 대해 가지고 있는 개념, 이미지를 떠올리고 표현한다. 빛과 그림자에 대한 관심을 어떻게 지원하면 좋을까?
협의 및 지원	빛과 그림자가 어린이와 만나는 순간을 기다리며 관찰함	'움직이는 빛' 놀이를 위해 손전등을 어린이 수만큼 제공함

* 어린이의 관심과 흥미, 교사의 고민, 협의 및 지원은 순환적으로 이루어짐

손전등으로 비추어요	재미있는 모양 그림자
자신이 좋아하는 동물 사진이나 모형, 놀잇감 등에 빛을 비추며 놀이하다가 자연스럽게 그림자에 관심을 보임	공룡 그림자를 만들어 탐색함 손전등으로 그림자를 만들어보며 느낌을 표현함
'그림자'를 자연스럽게 발견하고, 관심을 가질 수 있도록 지원할 수 있는 방법이 있을까? OHP 기계를 지원하고 싶은데 안전사고가 발생하지는 않을까?	빛과 그림자를 탐구하는 과정에서 상상력과 호기심을 갖고, 자연스럽게 상호연관성을 친구와 함께 배우고 있다.
어린이들의 관심을 따라 자연스럽게 접근하기로 함 최근 어린이들이 공룡에 관심이 있어 공룡모양 틀을 제공	어린이를 스스로 배우는 존재로서 존중하고 신뢰함

놀이와 연결된 어린이의 배움

신체건강
- 대근육과 소근육을 조절하여 손전등을 움직이며 빛과 그림자를 탐색

예술경험
- 다양한 빛과 그림자의 이미지를 보면서 해파리, 귀상어 등의 모양을 연상

언어문해
- 자신의 생각과 의도를 다른 사람에게 단어와 문장으로 전달
- 다른 사람의 말을 듣고 적절한 언어로 상황을 설명

창의탐구
- 모양과 거리 등 몸의 움직임에 따른 순간적인 반응을 중심으로 그림자 탐색
- 빛과 그림자의 기초적인 인과관계를 이해함으로써 누구의 그림자인지 인식

자연환경
- 맑고 화창한 날씨의 강한 햇빛이 교실에 들어오는 것을 인식

사회정서
- 불안과 공포라는 기본적인 정서 표현
- 부정적 정서를 긍정적으로 해소하는 경험
- 친구의 놀이에 관심을 가지고 근거리에서 유사한 놀이에 참여

놀이와 연결된 어린이의 배움은 어린이가 경험하고 있는 배움의 내용 중 몇 가지를 정리한 것이다. 배움의 내용은 개별 어린이마다 다를 수 있으며 어린이와 놀이는 수많은 가능성을 가지고 있다. 교사는 이러한 배움의 내용을 참고하여 어린이의 경험을 읽어 내며 전문가로 성장해 갈 수 있다.

혹부리 영감과 빛

🌷 연령: 2세 / 기간: 3개월

햇살이 때로는 따뜻하게 때로는 따갑게 느껴지는 5월이었다. 도담뜰에서 그림책을 보던 어린이들은 자꾸만 한 권의 그림책으로 모여들곤 했다. 그 책은 바로 '혹부리 영감'이었다. 보통 어린이들은 그림책을 교사에게 가져와 수시로 읽어 달라고 요청하곤 했는데, '혹부리 영감' 책은 친구들과 함께 보는 것을 더 즐겼다. 교사는 이 변화가 몹시 궁금해졌다. 도대체 어린이들은 혹부리 영감 그림책에서 무엇을 보고 있는 것일까? 교사는 '혹부리 영감'을 교실로 가져왔다.

놀이흐름

어두운 그림책 속 세상 → '어두운 영역'에서 나누는 도깨비 이야기
↓
'어두운 영역'에서 탐색하는 빛
↓
'어두운 영역'의 숨기 놀이 → OHP 그림자놀이

어두운 그림책 속 세상

어린이들은 '혹부리 영감'을 살펴보고 또 살펴보았다. 그런데 유독 같은 장면에서 멈추어 들여다보곤 했다. 혹부리 영감이 밤에 산 속 빈 집을 찾아간 장면으로, 어두운 산 배경에 호랑이, 부엉이, 늑대 등의 동물이 그려져 있었다.

"아이고, 날이 벌써 어두워지다니!"
사방이 깜깜해지자,
혹부리 영감은 산속 빈집을 찾아갔어.
그런데 빈집에 혼자 있자니
괜히 무섭고 으스스하지 뭐야.

교사가 관심을 보이니 질문과 함께 나름의 답이 쏟아졌다.
어린이들은 깜깜함에 대한 두려움을 표현하며 깜깜해짐을
동화적 상상으로 설명하고 있었다.

민재: 어? (검정 옷을 가리키며) 내 옷도 깜깜하다!
시우: 다인아, 깜깜한 거 무서운 거 아니야~
　　　이것 봐! 민재 옷도 깜깜한데 안 무섭잖아.
다인: 아냐 무서워. TV에서 깜깜해지면 괴물이 나왔단 말이야.
　　　괴물 나오면 어떡해!

어린이들은 **검정색 옷을 깜깜함과 연결**했으며 깜깜함이
무섭지 않은 이유를 검정색 옷을 근거로 설명했다.

'혹부리 영감'의 한 장면을 반복하여 살펴보던 어느 날이었다.

시우: (손전등을 가지고 와서) 그런데 이렇게 하면 안 깜깜할까?

그림책의 어둠 장면을 손전등으로 비추는 시우를 시작으로 어린이들은 손전등으로 그림책을 비추기 시작했다.

교사의 생각과 고민

- 그림책을 통해 상상하는 어두움을 몸과 감각으로 탐색할 수 있는 환경을 제공하는 것이 어떨까?

협의 및 지원

A: 교구장과 놀잇감을 치우고 암막 커튼을 설치하여 어두운 공간을 만들어 볼까요?
B: 처음부터 무엇인가를 비치하기보다는 그대로 비워 두고 어린이들이 어떻게 반응하는지 살펴보기로 해요.

'어두운 영역'에서 나누는 도깨비 이야기

어린이들은 어두운 공간에 호기심을 느끼고 탐색하였다. 자기가 좋아하는 놀잇감을 들고 와서 친구들과 함께 어두운 공간에 앉아보고 반복해서 커튼을 열었다 닫으면서 밝음 정도의 차이를 살펴보았다.

커튼 여닫기를 반복하면서 분위기의 차이를 살피고 있다. 어린이들은 교실 내 다른 공간보다 이 어두운 분위기의 공간으로 친구들을 불러 모으는 것이 즐거워 보인다.

어린이와 교사는 이 공간을 **'어두운 영역'으로 부르며 자주 머물렀다.** 이 공간에서 함께 공유하는 상상을 그림으로 표현하기 시작했다. '어두운 영역'의 벽면에 설치되어 있는 **글라스보드에 도깨비 그림을 그리고 이야기를 만들었다.** 어린이들의 그림은 벽면을 가득 채웠다.

"호랑이가 나타나서 도깨비가 도망갔어. 도깨비 살려~~"

"난 도깨비야. 도깨비는 깜깜한 데 살아. 근데 난 착한 도깨비야. 깜깜한 게 무섭대."

"선생님, 이건 대장 도깨비야. 얘는 엄마 도깨비고, 이건 아빠 도깨비야. 이 도깨비는 크지? 아빠라 그래."

'어두운 영역'에서 탐색하는 빛

장마가 시작되며 교실에 들어오는 빛이 적어졌다. 암막커튼을 닫으면 '어두운 영역'이 더 어두워졌다. 어린이들은 **자연스럽게 손전등 빛으로 놀이하기 시작했다.**

글라스보드의 　　　　　벽면의 '혹부리 영감' 　　　글라스보드에 대고
도깨비 그림을 보는 어린이들　그림책을 보는 어린이　　빛이 퍼지는 것을 보는 어린이

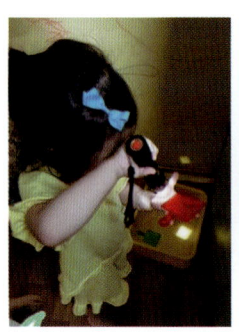  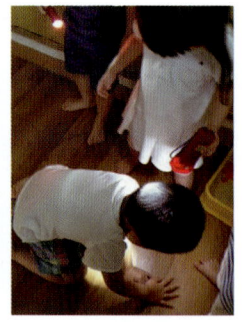

"이건 안 잡히네."　　"선생님　　　　　"이거 잡아 봐라~
　　　　　　　　　이건 안 밟혀요."　　내가 잡을게!"

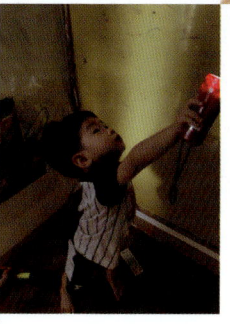

손전등에 익숙해진 어린이들은 천장을 비추기 시작했다. 커튼을 걷어 반대편 벽면과 천장까지 최대한 멀리 빛을 비추었다.

교사의 생각과 고민

- 빛의 성질을 조금 더 집중해서 탐색할 다른 자료가 있을까?
- 조금 더 큰 빛을 제공하면 어린이들이 빛 그 자체에 더욱 관심을 갖게 되지 않을까?

'어두운 영역'의 숨기 놀이

어느 순간부터 '어두운 영역'에서 숨기 놀이가 가끔 나타났다.

"쉿, 들키면 안돼! 빨리 꼭꼭 숨어! 도깨비가 나타나!"

민준: 도깨비들이 오기 전에 빨리 집에 숨자!
교사: 그런데 도깨비가 오는데 왜 숨어?
다인: 나쁜 도깨비니까요!
교사: 도깨비가 왜 나빠? (동화책 속 내용을 떠올리며) 혹을 가져가고 보석을 많이 주잖아~
다인: 아니에요~ 도깨비 나빠요~ 도깨비가 혹 가져가면 할아버지는 노래를 못 부르잖아요!

민준: 지금! 밖에 도깨비가 있어!
다인: 문 닫아! 도깨비한테 들키면 안돼!

형님반 어린이가 문을 열자.

민재: 으악! 들켰다! 도망가!!
서온: 어어 나도 무서워! 같이 가!!

교사의 생각과 고민

- 그림책에는 혹부리 영감이 도깨비가 나타났을 때 숨었다는 내용이 없는데 어떻게 숨기 놀이가 시작되었을까?
- 어린이와 함께 그림책을 다시 보면서 어린이의 생각을 들여다보기로 할까?

교사는 '혹부리 영감' 그림책을 다시 보았다.
어린이들은 숲속에 늑대, 도깨비가 숨어 있는 장면에 주목했다.

민재: 왜 늑대는 숨어 있지요?
지유: 도깨비는 눈만 보이네요? 숨은 거예요?
시우: 이것 좀 봐봐! 여기에도 숨어 있어! 밤이 돼서 숨었나?

서온: 선생님! 할아버지가 집에 숨어 있어요!
시우: 아닌데? 선생님이 책 읽어줄 때 집 안에 들어가서 쉰 거라고 했어~
민재: 아니야~ 숨은 거야~ 이것 봐 할아버지 무서워하잖아.

이 장면에는 도깨비 그림이 없고 어린이들이 글자를 읽을 줄 몰랐다.
교사는 무서워한다고 표현하는 이유가 궁금했다.

교사: 할아버지가 무서워하는 것 같아? 선생님은 그냥 문을 쳐다보는 것 같은데...
민재: 아니에요~ (그림책 뒷장을 넘겨 문짝 그림을 손가락으로 가리키며)
이것 봐요! 여기 도깨비가 숨어 있죠? 그래서 무서운 거예요~

동화책 출처: 『**차일드 전래동화 노래하는 혹부리 영감**』 꾸러기 글밤(글), 조현아(그림), 2016, 한국가우스

OHP 그림자놀이

교사의 생각과 고민

- 손전등 빛놀이와 숨기 놀이가 동시에 일어나고 있는데 그냥 지켜보기만 해도 될까?
- 두 가지 놀이 중 어떤 방향으로 지원을 하면 좋을까?

협의 및 지원

A: 가상놀이는 그림책부터 자연스럽게 흥미가 이어진 놀이어서 물리적 지원 없이 일단 지켜보기로 할까요?
B: 손전등으로 빛과 그림자놀이가 활발해진 상황으로 손전등보다 큰 빛에는 어떻게 놀이가 이어질지 기대가 되네요.
A: 교실에 OHP를 준비해 볼까요?
B: '어두운 영역'에 그린 도깨비 그림을 좋아하며 종종 감상하고 있으니까 그 그림을 OHP필름에 복사하여 같이 제공하기로 해요.

교사는 OHP기계를 배치하고 작동법에 대하여 어린이들과 이야기를 나누었다. 처음에 어린이들은 기계를 살펴보고 빛 위에 손을 올려보며 OHP를 탐색하였다.

 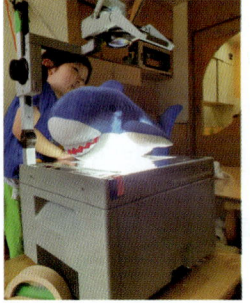 

내가 좋아하는 물건들을 하나씩 올려보기 시작했다. 여러 사물들을 올려보며 벽에 생기는 그림자와 투과되는 이미지를 살펴보았다.

어린이들은 내 몸으로 그림자를 만드는 놀이를 했다.

"손도 올린대!" "거미가 줄을 타고 올라갑니다~ 거미가 춤을 춘대!" "으하하 거미랑 춤추자!!!"

벽에 발차기를 하며 자기 그림자와 싸우는 가상놀이를 한다.

"우리 그림자야!"   "춤추면 그림자도 춤춰!"   "너는 진짜가 아니야!
내가 진짜야!
너는 눈, 코, 입이 없잖아!"

지유: 선생님! 저것 봐요! 도깨비예요.
민재: 오 뭐야! 선생님 도깨비잖아! 저거 민준이 도깨비다!
다인: 우리 가까이 가서 보자!

빛놀이는 어린이가 보여주는 작은 변화에서 시작되었고, 그 변화가 교사를 몹시 **궁금하게** 만들었다. 그림책을 보며 속닥거리던 어린이들의 즐거움을 교사가 공유하게 되면서 '어두운 영역'이 생겼다. 그림책에서 시작된 상상은 '어두운 영역'에서도 계속되었다. 어쩌면 '어두운 영역'이 가상놀이 하기에 더 좋았을 것 같다. 교사는 그림책의 장면에 몰입하여 스스로 이야기를 만들어 가는 어린이에 공감하면서 '빛놀이'에 대한 교육적 기대를 유지하였다. 어린이의 놀이를 따라가다 우연히 시작된 '빛놀이'는 상당히 오랜 시간 이루어졌다. '빛놀이'가 어린이의 도깨비에 대한 상상과 연결되어 있었을 뿐만 아니라 움직임에 따른 즉각적인 변화를 보여주는 빛의 특성 때문이기도 했다. 어린이의 놀이를 따라간다는 것은 예상치 못한 일의 연속이다. 그렇지만 어린이의 놀이는 흐르는 물처럼 이어지다 또다시 만나게 된다. 교사는 그 흐름에 맡겨도 될 것 같다.

놀이과정

놀이 흐름	어두운 그림책 속 세상	'어두운 영역'에서 나누는 도깨비 이야기
어린이의 관심과 흥미	혹부리 영감 그림책에서 깜깜함, 무섭고 으스스함에 집중함 그림책의 어둠 장면에 손전등을 비춤	어두운 공간의 분위기를 느끼고 친구와 모여 앉음 글라스보드에 도깨비 그림을 그리고 이야기를 만듦
 교사의 생각과 고민	어두움을 몸과 감각으로 탐색할 수 있는 환경을 제공하는 것이 어떨까?	어두운 공간을 저마다의 방식으로 즐기고 있다.
 협의 및 지원	암막커튼을 설치하여 어두운 공간 구성 공간을 비워두고 어린이들이 어떻게 반응하는지 살펴봄	어린이와 어두운 공간에서 도깨비 이야기를 하며 함께 놀이함

* 어린이의 관심과 흥미, 교사의 고민, 협의 및 지원은 순환적으로 이루어짐

'어두운 영역'에서 탐색하는 빛	'어두운 영역'의 숨기 놀이	OHP 그림자놀이
손전등으로 빛 비추기, 빛의 움직임과 잡기, 빛의 나아가는 특성을 탐색함	도깨비를 피해 어두운 영역에 숨는 놀이를 함	혹부리영감 그림책 속의 숨어있는 등장인물에 주목함 어두운 영역에서 손전등 빛 놀이와 숨기 놀이를 함	OHP에 사물을 올려 그림자와 투과되는 빛을 탐색함 몸, 도깨비필름으로 그림자 만드는 놀이를 함
빛의 성질을 탐색할 다른 자료는 없을까? 조금 더 큰 빛을 제공하면 어떨까?	그림책에는 숨었다는 내용이 없는데 어떻게 숨기놀이가 시작되었을까?	손전등 빛놀이와 숨기 놀이, 두 가지 놀이 중 어떤 방향으로 지원을 하면 좋을까?	그림자, 도깨비 이야기, 숨기... 이것들이 앞으로 어떻게 얽혀 갈까?
빛을 만들어 탐색하는 어린이를 관찰하며 따라 감	어린이들의 숨기 놀이를 관찰함	가상놀이는 지켜보기로 함 손전등보다 큰 빛인 OHP를 제공함 도깨비 그림을 OHP필름에 복사하여 제공함	그림자와 싸우는 가상놀이를 하여 안전을 위해 백업스틱을 제공함

놀이와 연결된 어린이의 배움

신체건강
- 대근육을 사용하여 이동하고 상하좌우로 움직이면서 빛과 그림자를 탐색
- 소근육을 조절하면서 다양한 그림자 모양을 탐색

언어문해
- 그림책 장면을 보면서 상상하는 내용을 이야기로 표현
- 그림책 장면에 대한 자신의 생각과 느낌을 적절한 언어로 전달

사회정서
- 친구와 함께 놀이하면서 흥미와 경험의 과정을 나눔
- '혹부리 영감' 그림책과 '어두운 영역'을 통해 생각과 느낌을 공유하는 경험

예술경험
- 도깨비에 대한 자신의 생각과 느낌을 그림으로 표현
- 나와 친구의 그림을 보고 감상하는 경험
- 그림책 장면에 대한 자신의 생각과 느낌을 가상의 이야기와 몸짓으로 표현

자연환경
- '어두운 영역'에서 커튼 여닫기를 반복하며 햇빛이 들어올 때와 차단되었을 때의 차이를 탐색

창의탐구
- 거리를 이동하여 손전등을 비추면서 빛이 나아가는 정도를 탐색
- OHP기계와 벽면 사이의 적절한 위치에서 손과 도구를 움직이며 원하는 모양의 그림자를 만듦
- 빛과 그림자의 인과관계를 이해함으로써 무엇의 그림자인지를 알고 놀이에 활용

놀이와 연결된 어린이의 배움은 어린이가 경험하고 있는 배움의 내용 중 몇 가지를 정리한 것이다. 배움의 내용은 개별 어린이마다 다를 수 있으며 어린이와 놀이는 수많은 가능성을 가지고 있다. 교사는 이러한 배움의 내용을 참고하여 어린이의 경험을 읽어 내며 전문가로 성장해 갈 수 있다.

누구 그림자일까?

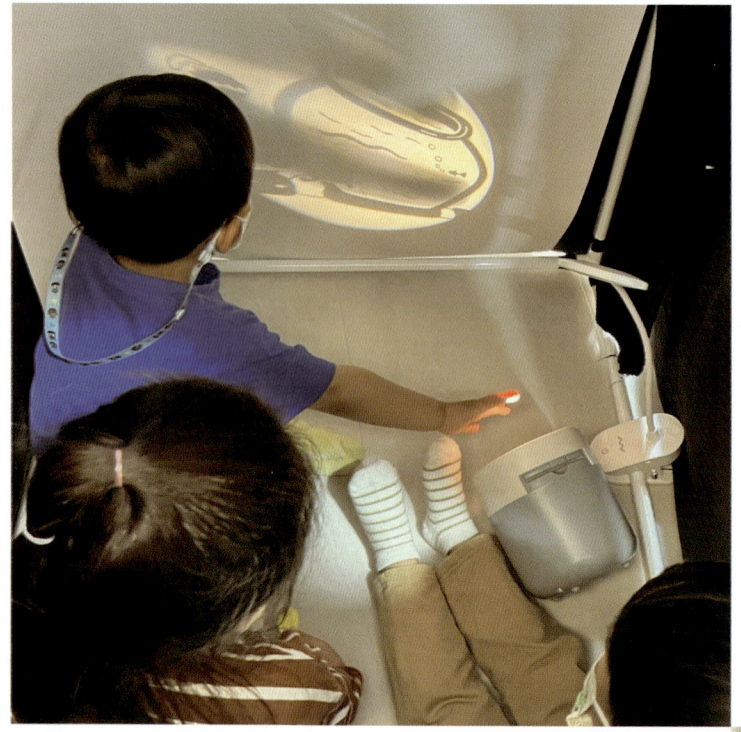

🧡 연령: 2세 / 기간: 3개월

한 어린이의 호기심 어린 '빛'의 발견은 어린이들 사이에서 놀이로 번져 나갔다. 하루의 일과 속에서 자연스럽게 일어나는 자연 현상 역시 어린이에게는 놀이 재료가 될 수 있다는 것을 새삼스레 발견하게 된다. 자연 현상을 바라보는 어린이의 마음을 들여다보는 것은 교사에게 흥미롭기도 했지만 놀이가 어디로 흘러갈지, 어떻게 지원해 주어야 할지 걱정이 되기도 하였다.

놀이흐름

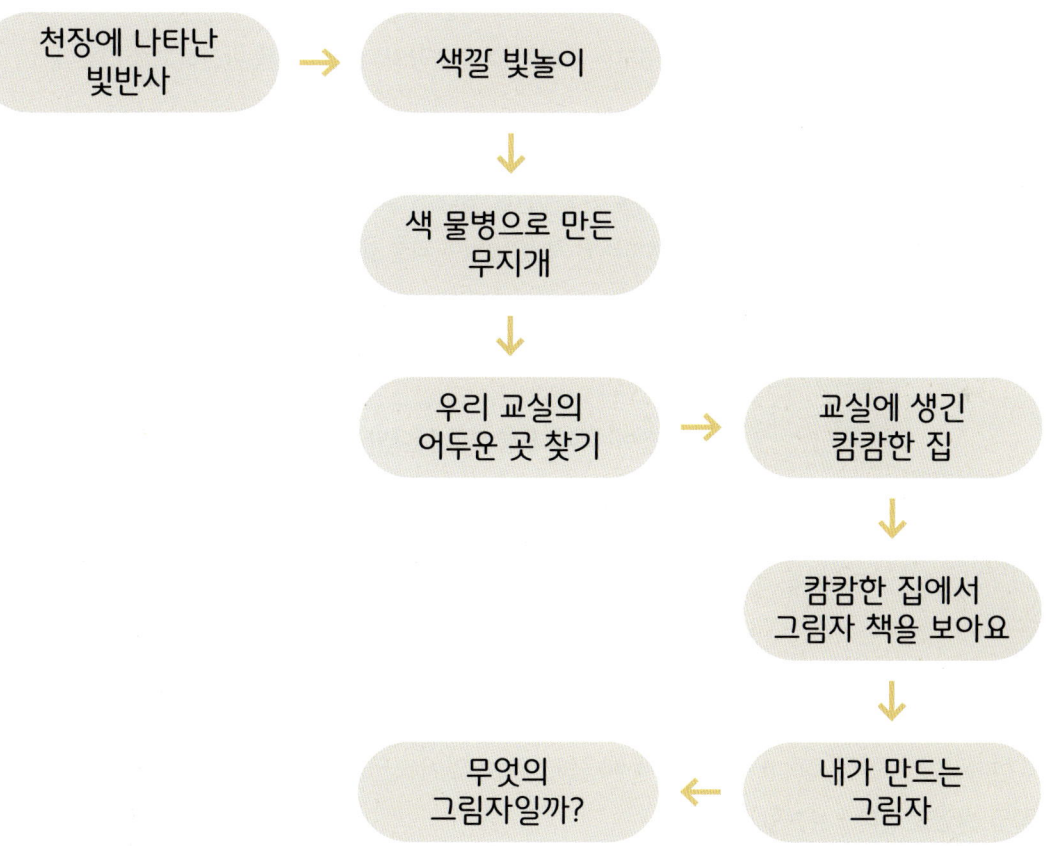

천장에 나타난 빛 반사

우리반 교실 천장에는 아침이 되면 네모난 빛이 나타났다. 창문으로 들어오는 햇빛이 책상 위에 깔려 있는 투명 필름에 반사된 것이다. 옆에 있던 태윤, 수하도 연우가 가리키는 손가락 방향으로 고개를 들어 함께 바라보며 네모난 빛 모양을 신기해하면서 괴물이라고 부르며 관심을 보이기 시작했다.

연우는 우연히 교실 천장의 네모난 빛을 발견하고 소리쳤다.

연우: 어떡해. 괴물이야. 무서워~
태윤: (사인펜을 꺼내어 휘두르면서) 이얍! 괴물이 있어.
수하: 반짝 선생님이 괴물 물리쳐 줘.

어린이들은 그림자가 없어지지 않자 교사에게 도움을 요청했다.

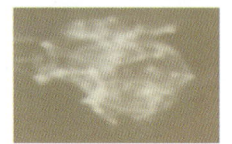

송이: (그 모습을 보고 있다가) 그건 괴물 아니야. 그림자야 빛그림자!

송이가 친구들에게 괴물의 정체를 알려 주었다.

교사의 생각과 고민

- '빛'의 심미감과 자연적 요소가 어린이에게 배움의 가치가 있어 보인다.
- 지속적인 관심과 흥미를 유지할 수 있을까?
- 교실 한쪽 면이 큰 창문이라 채광이 좋으니 날씨에 따라 일조량의 차이를 직관적으로 알 수 있는 교실 환경이 도움이 되지 않을까?

협의 및 지원

A: 교실의 큰 창문 주변에 빛이 투과되는 자료를 놓아 볼까요?
B: 색 블록을 교구장에 올려주거나 모빌을 달아 놓고 색깔 빛에 어린이들이 어떻게 반응하는지 지켜보기로 해요.

색깔 빛놀이

어린이는 처음에 색 블록에서 반사된 색깔 빛보다 색 블록 놀잇감에 관심을 보였다. 색 블록을 바닥에 내려놓고 색 블록 쌓기 등 색 블록을 가지고 놀았다. 그러다가 색 블록에서 반사된 빛을 발견하게 되었다.

태윤: 이것 봐! 내 손가락이 초록색이 됐어…
수하: (자신의 손과 발을 대어 보며)
        나는 노란색 발이야.

다음 날, 교사는 색 모빌을 달아 주었다.
교실 바닥에 색깔 빛이 드리워졌다.

색 모빌로 드리워진 색깔 빛

돋보기로 색깔 빛을 살펴보는 어린이들 발로 밟기도 손으로 만지고 긁어 보기도 한다.

색 물병으로 만든 무지개

교사의 생각과 고민

 색 모빌이나 색 블록보다 좀 더 오래 그리고 크게 색깔 빛을 볼 수 있는 방법이 있을까?

협의 및 지원

A: 어린이들이 들고 옮길 수도 있고 색도 보이는 물병을 사용해 보는 건 어떨까요?

B: 적당한 크기의 물병을 골라 보기로 해요. 일단 빛이 잘 드는 교구장 위에 올려 놓아 볼까요?

"알록달록 예쁜 색깔!
이거, 안에 움직여요."

"무지개색 같아.
빨강색, 주황색, 노랑색…"

"물이 더 잘 보여요.
그림자 색이 똑같아!"

"이건 주스야.
오렌지주스 사세요~"

"눕혀보자. 이것도(반사된 빛) 움직여. 다른 것도 눕혀 보자."   "내 손이 파랑색이 됐어. 물에 빠졌어."

어린이는 물병을 이리저리 옮기면서 색물병과 반사된 빛을 탐색하였다. 무지개 색깔 놀이는 빛이 있어야 가능하다는 것을 알고 있었다. 맑은 날은 긴 시간 놀이했지만 흐린 날은 밖이 어두워지면 색깔 빛도 점점 흐려졌다.

채아: 무지개 색깔이 사라지고 있어.

민준: 빛이 사라져서 그래.

우리 교실의 어두운 곳 찾기

교사의 생각과 고민

- 날씨와 상관없이 놀이할 수 있는 방법이 있을까?

협의 및 지원

A: 흐린 날에도 빛 놀이를 할 수 있도록 손전등을 준비해 주면 어때요?
   크기가 작은 손전등은 어린이들도 사용할 수 있을 거예요.
B: 부모님들에게 놀이 이야기도 공유하면서 손전등을 지원 받기로 해요.

어린이들은 손전등을 발견하고 관심을 가졌다. 모양과 크기를 유심히 살펴보고 스위치를 누르면 불이 켜지자 신기해하며 자신의 주변을 비추었다. 교사는 교실 전등을 꺼주었다.

여기저기를 비추는 어린이 　　"바구니가 더 잘 보여요."　　"글자도 더 잘 보여요."

어린이들은 책상 밑이나 구석진 곳, 어두운 곳을 찾아 손전등으로 비추었다.
스스로 교실 전등을 소등하면서 교실을 어둡게 만들어 손전등 놀이를 했다.

"(스위치를 끄며)
내가 더 어둡게 해줄게."

"우리 교실에서
제일 어두운 곳은 어딜까?
사물함 구석?"

"책상 밑에서도
그림책을 볼 수 있어!"

"손을 가까이 하면 작아져.
멀리 하면 커진대."

교실에 생긴 캄캄한 집

교사의 생각과 고민

- 교실 안에 더 어두운 부분을 만들어 주면 어떨까?

협의 및 지원

A: 손전등의 빛이 잘 나타나는 좀 더 어두운 공간을 만들어 볼까요?
B: 검은 천으로 암막 공간을 만들어 보기로 해요.

암막 공간을 본 첫날, 어린이들은 호기심을 보이기는 하지만 암막 공간 주변을 맴돌기만 하고 들어가지 않았다. 암막 공간과 붙박이장 사이의 좁은 공간을 오히려 좋아했다. 주말이 지나고 어린이들은 입구를 열어 놓은 채 친구들과 함께 암막 공간에 들어갔다.

"여기 너무 캄캄해! 괴물이다!"

"무서워~ 괜찮아, 우리가 있잖아."

"(천을 걷으며) 이렇게 하면 밝아져."

며칠이 지나고 암막 공간을 안전하게 느끼기 시작한 어린이는 입구를 닫기 시작했다.
어두워진 공간을 손전등으로 비추면서 놀이했다.

"(가족사진을 가져와 비춰 보며)
엄마, 아빠랑 나!"

"이렇게 세우고…"

"생일 축하합니다~"

캄캄한 집에서 그림자 책을 보아요

교사의 생각과 고민

- 어두운 곳을 찾던 어린이들이 암막 공간을 서서히 안전하게 느끼게 되었다.
- 암막 공간이 덜 무섭게 느껴지도록 해주어야 할까?

협의 및 지원

A: 암막 공간 내부가 그냥 깜깜하기만 한 것 보다는 그 안에서 밝음과 어두움을 경험할 수 있으면 좋겠어요.
B: 어린이들이 스스로 켜고 끌 수 있는 조명을 제공하기로 해요.

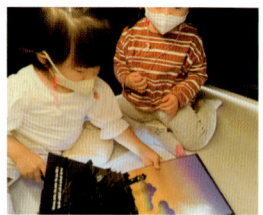

어린이들은 '불을 꺼 봐요!' 그림책을 가지고 와서 교사에게 읽어 달라고 요청했다. 손전등으로 그림책을 비추지만 그림자가 잘 보이지 않자 그림책을 들고 암막 공간으로 갔다. 암막 공간의 조명에 그림책을 펼치고 그림자를 만들려고 시도했다.

태윤: 손전등이 있어야 해. 이거 없으면 하나도 안 보여.

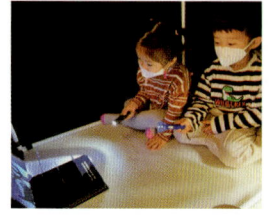

어린이들은 손전등 빛이 커지면 그림자가 더 커진다는 것을 알게 되었다. **손전등과 그림책과의 거리를 조절하면서 그림자가 잘 보이는 빛 크기를 찾아내고 있었다.**

"그림자가 잘 안 보여…"

"멀리 해 봐!
이제 잘 보여!"

내가 만드는 그림자

교사의 생각과 고민

🍑 암막 공간을 좀 더 편안하게 느낄 수 있도록 하면 어떨까?

협의 및 지원

A: 암막 공간을 덜 어둡게 인식할 수 있도록 한 쪽 면에 전지를 부착해 보면 어떨까요?

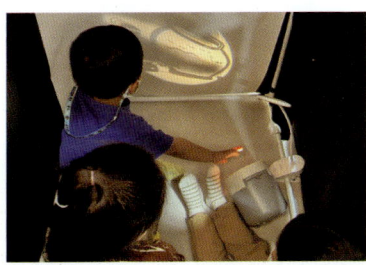

한 쪽 면을 전지로 부착하자 무서워하던 어린이도 호기심 어린 표정으로 암막 공간에 들어간다.

암막 공간에서 움직이다 전지에 생긴 그림자를 보고 놀라며 몸을 피하자 연우는 몸을 움직이면서 따라 움직이고 있는 그림자를 설명했다.

인아: 무서워.
연우: 아니야, 이거 그림자야. 이거 봐!

어린이는 손과 몸을 움직이며 여러 가지 모양의 그림자를 만들었다.

"나랑 똑같이?   "내 손이야.
손전등도 똑같아."   손가락을 움직여 볼게."

"(손과 손전등 거리를 조절하며) 브이자야."

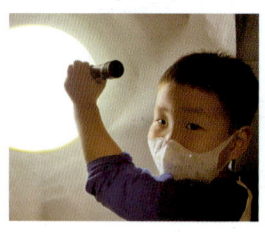 

"달이에요."   "이건 반달이에요."

무엇의 그림자일까?

햇볕이 뜨겁게 내리쬐던 날이었다. 바깥놀이터에서 놀이하던 어린이가 바닥에 있는 둥그스름한 그림자를 발견했다. 한참을 바라보다가 친구들에게 물어보았다.

"이것 좀 봐. 이거 무슨 그림자야?"

어린이들은 옹기종기 모여 그림자를 관찰했다. 미끄럼틀에 있는 동그란 모양을 보고 그림자와 미끄럼틀을 번갈아가며 확인했다.

"그럼 이 그림자는... 저거인가?"

다른 흥미로운 그림자 모양을 찾으면서 미끄럼틀의 어느 부분인지 찾았다. 미끄럼틀 주변에서 누구 그림자인지를 찾는 놀이는 다른 어린이들에게도 이어졌다.

교실에서의 경험은 교실을 넘어 바깥놀이 공간으로 확대되어 그림자 놀이가 자연스럽게 연결되고 있었다. 어린이는 교실에서 보았던 크기의 그림자와는 다르게 햇빛이 만들어 놓은 거대한 그림자를 탐색하고 있었다.

'빛과 그림자'라는 자연 현상은 어느 날, 호기심 많은 어린이를 통해 교육과정으로 들어왔다. 교사의 삶의 과정에서 익숙하고 당연하기만 했던 '빛과 그림자'를 어린이는 항상 새롭게 만났다. 어린이는 자신의 몸과 감각으로 그림자를 천천히 다루어 갔으며 이해할 수 있는 만큼의 '경험적 이론'을 쌓아 갔다. '경험적 이론'은 개개의 어린이의 경험으로 자연스럽게 연결되었고 교실에서 바깥놀이터로 확대되었다. '빛'으로 놀이가 시작될 때, 교사는 '빛'에 대한 어린이의 시선이 흥미롭게 느껴지기도 했지만 그 시선을 함께 할 수 있을까를 걱정하기도 했다. 교사가 조급해 하지 않고 기다려 줄 수 있다면 교사는 익숙하기만 했던 '빛과 그림자'를 어린이들의 새로운 시선으로 경험하게 될 것이다.

놀이과정

놀이 흐름	천장에 나타난 빛반사	색깔 빛놀이	색 물병으로 만든 무지개
어린이의 관심과 흥미	천장에 반사된 빛을 발견하고 관심을 가짐	색깔 빛을 저마다의 방식으로 탐색함	색물병을 움직이며 색깔 빛을 만듦 흐린 날은 색깔 빛도 흐려짐을 발견
교사의 생각과 고민	'빛'의 심미감과 자연적 요소가 어린이에게 배움의 가치가 있어 보인다. 빛에 대한 지속적인 관심과 흥미를 유지할 수 있을까?	좀 더 오래, 좀 더 크게 색깔 빛을 볼 수 있는 방법이 있을까?	날씨와 상관없이 놀이할 수 있는 방법이 있을까?
협의 및 지원	창문 주변에 빛이 투과되는 자료로 색 블록, 색 모빌을 제공함	여러가지 색의 물병을 빛이 잘 드는 교구장 위에 올려둠	흐린 날에도 빛놀이 할 수 있도록 손전등을 지원함

* 어린이의 관심과 흥미, 교사의 고민, 협의 및 지원은 순환적으로 이루어짐

우리 교실의 어두운 곳 찾기	교실에 생긴 캄캄한 집	캄캄한 집에서 그림자 책을 보아요	내가 만드는 그림자	무엇의 그림자일까?
손전등으로 여러 대상을 비추어보며 더 어두운 곳을 찾아감	암막 공간을 무서워 함 암막 공간을 서서히 안전하게 느끼고 손전등으로 빛을 비추며 놀이함	손전등과 그림책 사이의 거리를 조절하며 그림자가 잘 보이는 빛 크기를 찾아냄	하얀 전지에 그림자가 또렷하게 생긴 것을 보며 다양한 모양의 그림자를 만듦	바깥놀이에서 만난 그림자에 관심을 가지고 탐색함
교실 안에 더 어두운 부분을 만들어 주면 어떨까?	암막 공간이 덜 무섭게 느껴지도록 해야 할까?	암막 공간을 좀 더 편안하게 느낄 수 있도록 하면 어떨까?	어린이가 이해하는 수준의 빛과 그림자의 원리를 활용하고 있다.	어린이들이 교실과 바깥 공간의 경계를 허물고 그림자놀이를 한다.
검은천으로 암막 공간을 구성함	암막 공간에서 밝음과 어두움을 경험할 수 있도록 어린이가 스스로 켜고 끌 수 있는 조명을 제공함	암막 공간의 한 쪽 면에 전지를 부착함	놀이를 있는 그대로 봄	실내외를 넘나들며 빛, 그림자를 만나고 배워가는 어린이를 따라감

놀이와 연결된 어린이의 배움

신체건강
- 대근육을 사용하여 이동하고 상하좌우의 움직임을 하면서 빛과 어둠을 탐색
- 소근육을 조절하면서 다양한 그림자 모양을 탐색

언어문해
- 자신의 생각과 의도를 다른 사람에게 언어로 전달
- 다른 사람의 생각과 감정에 대해 적절한 언어로 상황을 설명하고 이해

사회정서
- 불안과 공포라는 기본적인 정서를 표현하고 생활과 경험의 공동 의식을 통해 해소하는 경험을 함
- 친구와 함께 놀이하면서 흥미와 경험의 과정을 나눔

예술경험
- 빛과 그림자의 이미지를 보면서 모양을 연상하고 다양한 모양을 만듦
- 색물병으로 만들어진 색색의 무지개를 보며 아름다움을 느낌

자연환경
- 맑고 화창한 날의 햇빛으로 생긴 바깥놀이터만큼의 거대한 그림자를 인식

창의탐구
- 손전등의 거리를 이동하면서 빛의 크기와 밝기를 조절
- 빛과 전지 사이의 적절한 위치에서 손과 도구를 움직이면서 원하는 모양의 그림자를 만듦
- 빛과 그림자의 인과관계를 이해함으로써 무엇의 그림자인지를 알고 찾을 수 있음

놀이와 연결된 어린이의 배움은 어린이가 경험하고 있는 배움의 내용 중 몇 가지를 정리한 것이다. 배움의 내용은 개별 어린이마다 다를 수 있으며 어린이와 놀이는 수많은 가능성을 가지고 있다. 교사는 이러한 배움의 내용을 참고하여 어린이의 경험을 읽어 내며 전문가로 성장해 갈 수 있다.

아스칼라 동굴, 상상력을 펼쳐 봐!

🍊 연령: 3세 / 기간: 2개월

교실에는 아주 특별한 공간이 있는데 바로 다락 밑 공간이다. 천장이 낮고 교구장이 겨우 들어가는 협소한 이 공간을 어떻게 구성할까?
이곳이 주는 아늑함을 살려 어린이들이 편안하게 쉴 수 있는 공간으로 구성하면 어떨까?
아스칼라 동굴 이야기는 이 쉼의 공간에서 자연스럽게 시작되었다.

놀이흐름

다락 밑 공간에서 만난 빛 → 더 어둡게 → 여기는 아스칼라 동굴 ↓ 아스칼라 동굴로 가는 길 ↓ 교실을 동굴로 만들자

쿠션과 책꽂이, 언어교구장이 비치된 다락 밑 공간은 협소하지만 아늑하다. 이곳은 별도 조명이 있어 끄고 켤 수 있다. 어린이들은 수시로 불을 꺼달라고 하면서 놀이하였다. 그 안에서 비밀 펜(UV 펜)에 관심을 보이며 어두운 곳을 찾아 빛을 비추는 놀이가 시작되었다.

"선생님 여기 불 좀 꺼주세요!"

교사의 생각과 고민

- 어린이들에게 어둠이 주는 분위기가 특별한 것일까?
- 어둠 속에서 비추는 빛이 흥미로운 것일까?
- 아니면 빛이 비추는 모습들이 흥미로운 것일까?
- 어둠 속 빛에 관심 있는 어린이들에게 어떤 것들을 지원하면 좋을까?

협의 및 지원

A: 빛놀이가 가능한 라이트테이블을 제공해 주어야겠어요.

B: 밝기 조절이 가능한 공간이 좋겠어요.

A: 빛을 비추는 놀이가 지속되는 것을 보니 거울지를 천장에 부착해 놓아도 재미있을 것 같아요.

B: 어린이들이 요청한 손전등도 제공할게요.

다락 밑 공간에서 만난 빛

"여기는 반딧불이가 있는 동굴이에요."

"여기 저기 반짝반짝해. 우리가 보여."

"동굴에는 돌멩이들이 엄청 많아!"

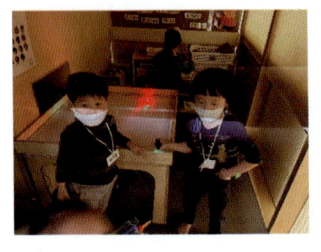 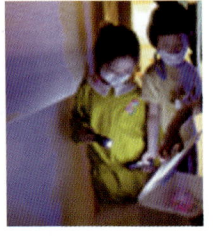 어린이는 라이트테이블의 빛도 끄기를 요청하였다. 조명을 끄고 교실의 다른 공간보다 다소 어두워지는 것을 즐거워했다. 놀이 초반처럼 어두운 곳에서 책을 보고 이야기를 하거나 비밀펜(UV펜)으로 어두운 곳을 비추는 놀이를 즐겼다.

"선생님, 이거 (라이트테이블) 불빛도 꺼주세요."

"여기 어두워. 비춰봐."

교사의 생각과 고민

- 라이트테이블 지원으로 놀이가 더 흥미로워질 줄 알았는데…
- 어린이들이 왜 이렇게 어두운 공간을 좋아할까?
- 어둡게 놀이하고 싶어한다면 조금 더 어두운 공간을 만들어 주어야할까?

협의 및 지원

A: 다락 밑 공간을 아주 캄캄하게 만들어 줄까요?
B: 암막천을 이용해서 어둡고 독립적인 공간으로 제공해 주기로 해요.

더 어둡게

다락 밑 공간 입구에 암막 천을 설치한 모습

교사: 동굴 이름은 아스칼라야? 왜?
예린: 이 동굴에 괴물이 살고 있어! 아스칼라괴물이 사니까요.
은우: 이름이 있어야 더 재미있거든.
교사: 그럼 우리 동굴 이름이 어떤지 다른 친구들한테도 물어볼까?
예린: 좋아요!
예린, 은우: (만든 이름표를 보여주며) 이거 이름 어때?
친구들: 좋아! 나도 좋아!

다락 밑 공간에서 동굴을 상상하던 어린이는 암막 천으로 동굴이 만들어지면서 동굴 놀이에 더욱 몰입했다. 어린이는 동굴에 대한 이야기를 하다가 갑자기 '아스칼라'라는 이름을 떠올렸다. 이름표를 만들어 동굴 입구에 붙였다. 어린이는 자신들이 상상하는 모습으로 동굴을 꾸미기 시작했다.

지유: 아스칼라 동굴에는 박쥐가 살아.
교사: 동굴에 박쥐가 살아?
지유: 응~ 무지개 박쥐!
교사: 무지개 박쥐를 그려서 동굴에 초대할까?
지유가 생각하는 무지개 박쥐를 그려서 동굴 속 원하는 장소에 붙인다.

의한: 선생님, 동굴에는 뾰족한 돌멩이가 많아요! 광명동굴에서 봤어요!
교사: 그럼 우리 동굴 사진도 찾아볼까?
의한: 좋아요!
함께 찾은 동굴 사진을 보면서 천장에 긴 종이를 붙여 구성한다.

여기는 아스칼라 동굴

교사의 생각과 고민

- '어둠' 자체보다 '동굴'이라는 가상놀이에 더욱 몰입하고 있다.
- 어린이들이 동굴 공간에 많이 몰려서 너무 좁지 않을까?

협의 및 지원

A: 라이트테이블을 동굴 밖으로 옮기면 공간이 좀 더 나올 것 같아요.
B: 동굴 분위기를 살리기 위해 배경음악으로 동굴 소리를 준비해 주어야겠어요.

암막 천으로 싸인 동굴을 어린이가 상상하는 이미지로
자신의 손으로 직접 꾸미면서 어린이는 동굴 놀이에 더욱 몰입하였다.

"아스칼라 동굴에는 보물이 숨어 있대.
그래! 우리 보물을 찾아보자!"

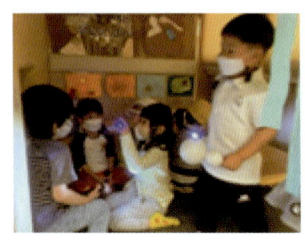 

어린이는 더욱 다양한 상상과 이야기들을 표현하기 시작했다. 동굴 공간은 점점 더 많은 어린이의 표상과 이야기로 채워졌다. 상상 작품들은 어린이마다 의미와 이유가 있었다. 처음 듣는 동물이나 장면이 작품에 등장하기도 하고 어디선가 들어본 듯한 것이 등장하기도 했다. 어린이는 동굴 공간에서 그동안 경험한 내용에 상상을 더해가며 다채로운 이야기들을 만들어 가고 있었다.

예윤: 동굴에는 해저동굴도 있고 용암동굴도 있어요!
　　　이거 빨간 게 이빨이에요. 해저동굴에 사는 고대상어 이빨.
예윤: 이건 위석이에요!
교사: 위석? 위석은 뭐예요?
예윤: 여기에 하늘에서 떨어져서 다 타게 만들어요!

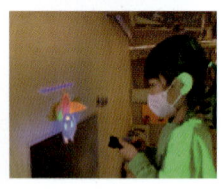

지유: **깜깜한 동굴에서도 잘 보이는** 박쥐를 그릴래요!
교사: 어떻게 하면 잘 보여?
지유: 야광물감으로 그리면 되지요!

"동굴에 사는 다리가 많이 달린 아방물고기야. 입에서 아기 물고기가 태어나!"   "동굴에 '시스커' 라는 새가 살고 있는데 몸이 너무 무거워서 날 수 없어."

"동굴에는 반짝반짝 보석들이 많이 있어! 같이 보물 찾으러 가자!"   "이건 보물 지도야! 지도를 따라가면 보물을 찾을 수 있을지도 몰라"

어린이는 동굴로 모험을 떠나면서 다양한 동물과 요정을 만나고 아름답고 반짝이는 보물을 찾는 탐험의 여정을 함께 했다. 어린이는 새로운 아스칼라 동굴 세상을 지속적으로 만들어 가고 있었다. 그리고 동굴 탐험이 계속될수록 아스칼라 동굴 밖 교실 공간에서 동굴 놀이가 더욱 증가하였다.

교사의 생각과 고민

- 교실 공간에서 동굴 놀이가 증가함에 따라 놀이를 위한 공간의 확대가 필요하지 않을까?
- 어떤 방식으로 공간을 확대할까?

협의 및 지원

A: 어린이들이 동굴로 탐험한다고 하면서 동굴로 들어가는 모습을 보니 동굴 밖 공간에 '동굴로 가는 길'을 만들어 주면서 공간을 좀 확대해보면 어떨까 하는 생각이 들어요.

B: 롤페이퍼를 깔아서 길처럼 만들어 보는 것도 좋겠어요.

롤페이퍼는 동굴 공간과 교실을 연결하는 길이 되었다.
어린이는 길이 펼쳐지자 밟아보고 뛰어보면서 길 여기저기를 탐색했다. 어린이는 마음에 떠오르는 상상을 그림으로 표현하기 시작했다.

하윤: 우와! 길이다! 선생님! **여기 길이 생겼어요!**

교사: 그러네. 동굴로 가는 길이 생겼나 봐!
　　　우리가 동굴로 가는 길을 그려 줄까? 길에는 뭐가 있을까?

현: 내가 좋아하는 수박나무! 수박을 따서 먹으면서 동굴에 갈 거예요.

하윤: 물을 뿜는 고래도 있고 수영해서 동굴에 가는 아저씨도 있고요.

재이: 보석이 반짝반짝 달린 사탕을 먹으면서 동굴에 갈 것 같아.

아스칼라 동굴로 가는 길

보석 달린 사탕

오렌지나무

수박나무

수영하는 아저씨

물 뿜는 고래

자기 방식으로 동굴 탐험을 떠나는 어린이들

교사의 생각과 고민

- 동굴로 가는 길이 좁아 친구들 간에 갈등이 생긴다.
- 더 넓은 공간에서 동굴 놀이를 할 수 있는 방법이 없을까?

협의 및 지원

A: 교실의 여러 가지 재료와 함께 우드락을 제공해 보는 게 좋겠어요.
B: 두 개의 우드락을 테이프로 연결하여 쉽게 피고 접을 수 있도록 해서 공간구성에 용이한 자료로 제시해 보면 어떨까요?
A: 우드락을 어떻게 사용할 수 있을지 어린이들과 함께 이야기 나누어 보고 어떤 선택을 하는지 지켜보기로 해요.

예린: 선생님 이거 붙이는 거 도와주세요.
현: 선생님 제가 만든 동굴에 놀러 와요!
교사: 세모 동굴 안에는 어떤 게 있는지 구경해 봐야겠다!
산들, 하윤: 나도 나도!
현: 그래!

"우리 큰 동굴을 만들자."　　　　"동굴을 꾸미자."

교실을 동굴로 만들자

대부분의 어린이들이 참여하여 넓고 큰 동굴을 만들었다. 상상하는 동굴 이미지 그림을 동굴 벽면에 붙이고 이야기로 표현하는 놀이가 지속되었다. 그림과 이야기에서는 잠수함을 타고 들어가는 해저동굴, 얼음동굴 등 상상 속 다양한 동굴이 나타났다.

"동굴 속에 사는 박쥐예요."   "얼음동굴에 있는 나무에 사과가 열렸어요."   "요정이에요. 동굴로 가는 길을 알려 주고 있어요."   "또 길을 잃었어요. 토끼가 길을 알려 줘요."

"조금 더 들어가니까 해저동굴이 나타났어요!
해저 동굴에는 거북이가 헤엄치고 물에서도 숨을 쉬는 뱀도 살고 있지요.
같이 헤엄쳐서 동굴로 더! 더! 들어가요."

"해저동굴에는 또 다른 동물이 사는데 바로 아방물고기예요.
안녕. 나는 아방물고기라고 해. 우리 같이 헤엄치자."

교사의 생각과 고민

● 어떻게 하면 기발한 어린이들의 상상이 더욱 넓게 펼쳐질 수 있을까?

협의 및 지원

A: 빔프로젝터를 사용해 볼까요? 어린이들이 상상하는 것들이 시각화되는 효과가 있을 것 같아요.
B: 동굴에 빔을 쏠 수 있는 공간을 확보하고 병풍 우드락을 추가해야겠네요.

"해저동굴에 상어가 나타났다!
얘들아 조심해! 얼른 우리 헤엄쳐서 도망가자."

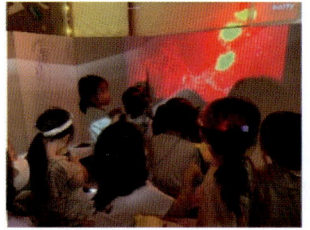

"용암동굴이다!
으아 너무 뜨겁잖아!
어서 코와 입을 막고 대피하자!"

"우리 기차 타고 동굴로 출발하는 건 어때?
해저동굴로 출발합니다!
어서 기차를 타세요!"

다락 밑 작은 공간에서 시작된 동굴 놀이는 어린이의 상상과 함께 더욱 활발해졌다. 관찰자의 입장 그리고 놀이를 적극적으로 지원하는 조력자 입장에서 교사는 어린이가 놀이의 주인이 되면서 '놀이하는 힘'을 키워가고 있음을 실감하게 되었다. 어둡고 작은 동굴에서 어린이는 나를 둘러싼 세계에 관심을 가지고 다양한 만남과 소통을 통해 상상의 내적 세계를 놀이라는 현실로 구현할 수 있었다. 자신의 내적 이미지를 펼쳐놓은 그림과 이야기는 '동굴로 가는 길', '동굴에서 생긴 일'이라는 제목의 두 권의 그림책으로 만들어졌다. 동굴 놀이가 무르익어 갈 즈음, 아스칼라 동굴에 부모님을 초대하여 부모 참여 수업을 진행했다. 두 달간의 너와 나, 그리고 우리의 이야기가 담긴 그림책도 공유했다. 어린이를 통해 말로만 듣던 동굴 세계를 함께 하면서 부모님들은 어린이의 경험과 성장을 공감했다. 어린이, 교사, 부모에게 아스칼라 동굴은 그 시절을 떠오르게 하는 추억이 될 것 같다.

놀이과정

놀이 흐름	다락 밑 공간에서 만난 빛	더 어둡게
 어린이의 관심과 흥미	다락 밑 공간에서 비밀 펜(UV펜)으로 빛을 비추는 놀이를 함	공간의 조명을 모두 끄고 더 어둡기를 요청함
 교사의 생각과 고민	어린이에게 흥미를 주는 것은 '어두운 분위기, 빛, 빛을 비추는 것' 중 무엇일까?	조금 더 어두운 공간을 만들어 주어야 할까?
 협의 및 지원	라이트테이블, 손전등을 제공함 천장에 거울지를 부착함	암막 천을 부착하여 독립적인 공간을 제공함

* 어린이의 관심과 흥미, 교사의 고민, 협의 및 지원은 순환적으로 이루어짐

여기는 아스칼라 동굴	아스칼라 동굴로 가는 길	교실을 동굴로 만들자
어두운 공간을 '아스칼라'라고 부르고 상상하는 모습으로 동굴을 꾸밈 / 아스칼라 동굴에 보물을 찾으러 가는 가상놀이가 이루어짐 / 동굴 속에서 일어나는 일들을 표상함	아스칼라 동굴로 가는 길의 이야기와 표상이 이루어짐	우드락을 세우고 연결하여 큰 동굴을 구성함 / 상상하는 동굴의 이미지를 이야기와 그림으로 표현함
많은 아이들이 동굴에 몰리고 있는데 공간 수정이 필요할까? / 교실 내 동굴 놀이가 증가되고 있다. 공간 확대가 필요할까?	길이 좁아 생기는 친구 간의 갈등을 어떻게 해결할 수 있을까?	어린이들의 상상이 더 넓게 펼쳐질 수 있도록 하는 방법은 무엇일까?
라이트테이블을 빼기로 함 / 동굴 소리를 틀어 줌 / 롤페이퍼로 동굴 밖 공간에 '동굴로 가는 길'을 구성함	우드락을 제공하여 더 넓은 공간에서 동굴 놀이를 이어갈 수 있도록 함	빔프로젝터를 사용하여 상상한 것들이 시각화 되도록 함 / 넓은 공간과 병풍 우드락 추가 제공함

놀이와 연결된 어린이의 배움

신체건강
- 좁고 낮은 공간에서의 움직임과 넓고 높은 공간에서의 움직임의 차이를 알고 적절하게 움직임
- 소근육을 조절하면서 그리기 도구 사용

언어문해
- 생각과 느낌을 적절한 단어와 줄거리가 있는 이야기로 만듦
- 동굴과 길 등 이름표를 만들면서 글자를 써보는 경험

사회정서
- 내면의 상상과 바람을 표출하는 기회
- 친구와 교사의 도움으로 멋진 아스칼라 동굴이 만들어지고 놀이하게 되는 경험

예술경험
- 상상하고 바라는 것을 색, 모양, 질감으로 표현
- 상상하고 바라는 것을 동굴 탐험 놀이에서 상황을 만들고 적절한 움직임으로 표현

창의탐구
- 어둠 속 빛이 있는 상상 속 동굴을 자신의 방식으로 교실 공간에 만듦
- 병풍 우드락으로 동굴을 구성하면서 신체 사이즈의 모양과 크기를 인식하고 다룸

자연환경
- 동굴 환경을 구성하면서 자신의 자연과학 지식과 경험을 활용

놀이와 연결된 어린이의 배움은 어린이가 경험하고 있는 배움의 내용 중 몇 가지를 정리한 것이다. 배움의 내용은 개별 어린이마다 다를 수 있으며 어린이와 놀이는 수많은 가능성을 가지고 있다. 교사는 이러한 배움의 내용을 참고하여 어린이의 경험을 읽어 내며 전문가로 성장해 갈 수 있다.

통과되는 빛과 통과되지 않는 빛

♥ 연령: 3세 / 기간: 2개월

OHP는 학기 초부터 있었던 자료이며 이 기계를 다양하게 탐색하기를 기대하면서 셀로판지와 색깔칩 등 빛이 투과되는 자료를 두었다. 셀로판지에 비친 색깔 빛에 관심을 가지면서 자연스럽게 OHP를 활용한 빛놀이가 시작되었다. 교사는 OHP를 활용한 어린이들의 빛놀이를 관찰하면서 적절한 교육적 기대를 하기가 어려웠다. 색과 예술적 표현, 심미적인 구성놀이, 과학적 탐색과 학습 등 어느 방향도 쉽지 않았다. 특히 3세 어린이의 과학적 측면의 '빛'은 더욱 어렵게 느껴졌다. 교사가 수많은 물음표를 안은 채로 빛놀이는 시작되었다.

놀이흐름

셀로판지 색깔 빛의 발견 → 셀로판지를 통과하는 색깔 빛 → 통과하는 빛 VS 통과하지 않는 빛

같은 노랑색이지만 다른 그림자 통과된 빛으로 만들어진 그림

셀로판지 색깔 빛의 발견

교실에서 셀로판지를 발견한 시윤이는 여러 가지 색의 셀로판지를 이것저것 겹치며 색깔이 섞이는 모습을 보기 시작했다. 책상에 드리워진 햇빛에 셀로판지를 대면서 투과된 색을 보기도 했다.

"빨강이랑 파랑이랑 겹치니까 보라로 보여요!"

"책상에 파란 그림자야."

"파랑이랑 노랑이랑 해볼까?"

"어떻게 하면 셀로판지가 잘 보일까?"

"우와, 셀로판지가 엄청 크다!"

시윤이는 눈 앞에 빨간 셀로판지를 대고서 OHP 앞으로 갔다. 시윤이는 살짝 옆으로 돌기도 하고 앞으로 서기를 반복하며 OHP에 비친 모습을 살폈다. 그리고는 OHP에 셀로판지를 올리고 벽면에 비치는 모습을 바라보았다.

교사의 생각과 고민

🍎 셀로판지로 놀이했던 경험과 햇빛이 만나면서 새롭게 할 수 있는 놀이를 찾아가는 것으로 보인다.

협의 및 지원

A: 셀로판지를 붙일 수 있도록 손코팅지를 추가로 준비할게요.
B: 손코팅지를 어떻게 사용하는지 지켜보기로 해요.

셀로판지를 통과하는 색깔 빛

며칠 뒤, 어린이들은 색깔칩을 OHP 위에 가득 올려놓고 벽면을 바라보았다.

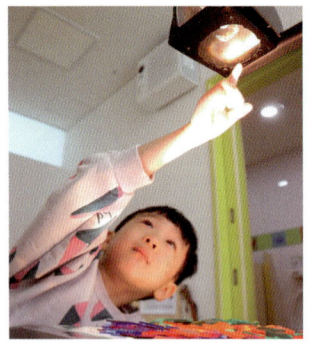
"여기 동그란 곳에도 색깔칩이 보여요."

"시윤아! 너 옷에 색깔칩이 가득해."

"봐봐! 내 옷도 완전 알록달록해."

시윤이는 옷에 핀 알록달록 무늬를 보더니 셀로판지를 가져와 OHP 빛에 대고 '가까이', '멀리'를 반복하며 움직였다.

"빨갛게 알록달록해. 움직여 볼게."

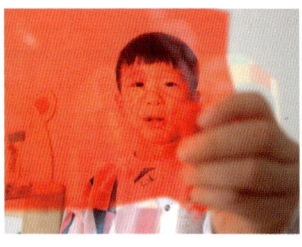
"내 옷도 빨갛게 알록달록하지?"

"이렇게 보니까 세상이 다르게 보인다!"

시윤이와 주하는 셀로판지로 빛놀이를 하다가
손코팅지에 붙이기 시작했다.

주하: 이거는 주하의 색깔칩 같아.
시윤: 나도 알록달록 시윤이 색깔칩 만들어 봐야지.
주하: 창문에 붙일까?

셀로판지로 꾸며진 창을 보고 유하도 셀로판지를 잘라
손코팅지에 붙인 뒤 창문에 붙였다.

교사의 생각과 고민

- 시윤이의 셀로판지 활용한 놀이가 어린이들 간에 영향을 주고받으며 조금씩 달라지고 있다.
- OHP 빛과는 다른 '빛'으로서 '햇빛'에 대한 기대를 하고 있는 것으로 보인다.

협의 및 지원

A: 셀로판지, 햇빛이 만들어 내는 현상에 어린이들이 어떻게 반응할지 기대돼요.
B: 햇빛이 잘 들어오는 날이 기다려져요.

통과하는 빛 VS 통과하지 않는 빛

어느 날 아침, 강렬한 햇빛이 교실에 드리워졌다.
그 사이 더 많은 셀로판지 작품이 창에 붙어 있었다.

"오로라 같이 알록달록하네. 저기 바깥에서 빛이 들어오나 봐.
그러니까 보이지."
"너무 예쁘지 않아? 우주야?"
"음... 저건 우리가 지난 번에 붙였던 셀로판지잖아!"

"하얀 종이 놔 보니까 더 잘 보여."
"이거 신호등 같은 색이야.
자동차가 지나갑니다."

"이제 그 오로라가 없네?"
"그러게. 사라졌네."

"여기에 다시 빛이 생겼잖아. 빛을 잡아야겠어."
유하는 옆에 있던 하얀 도화지를 바닥에 둔다.

"잡았다! 빛! 유하 치마는 이렇게 별이 보이고... 빛이 보이는 곳도 있네요."
한동안 자신이 잡은 빛을 바라보던 유하는 또 다른 그림자를 발견했다.
레이스천에 별모양패턴이 있는 치마 그림자였다.

유하를 지켜보고 있던 주하는 OHP 옆에 있던 레이스 손수건을 가져왔다.

**주하: 선생님, 유하 치마처럼 이 천도 검정(빛이 투과하지 않는 부분의 그림자)이랑
하양(빛이 투과하는 부분의 그림자)이랑 같이 보여요.**
주하는 레이스 손수건을 움직이면서 햇빛으로 만들어진 그림자를 한동안 탐색했다.

통과된 빛으로 만들어진 그림

협의 및 지원

A: 빛의 투과와 비(非)투과를 동시에 관찰할 수 있는 자료를 추가적으로 제공하면 좋겠어요.
B: 빛 투과의 정도에 따라 또 다른 경험을 할 수 있을 것이라고 기대가 되네요.

햇빛이 잘 들어오지 않은 날이었다. 유하는 OHP에 여러 재료 '스팽글(불투명), 색깔칩(투명), 레이스 손수건(불투명 코팅이 긴 모양으로 있는)'을 올리기 시작했다.

하윤이는 이전에 유리창에 윈도우마카로 그려놓은 그림 위에 새롭게 붙여진 그림을 보게 되었다. 하윤이는 종이 그림을 들었다 내렸다 하면서 유리창에 그려진 그림을 진서에게 보여준다.

하윤: 이거 봐봐! 이게 내가 그린 그림인데. 이렇게 내리면 친구가 그린 그림이랑 합쳐져. 이거 괴물 같기도 한데? 얼굴이 두 개야.
진서, 윤하: 진짜 재미있다!

같은 노랑색이지만 다른 그림자

주하와 시윤이는 투명한 페트병에 매직펜으로
그림을 그리며 꾸미고 있었다. 그때 책상 위로 햇빛이 드리워졌다.

주하: 시윤아, 이것 봐. **페트병이 투명한데 그림자가 보이는 것 같아.**
시윤: 그러네? 그림을 그려서 알록달록한 그림자도 보여.
　　　그런데 페트병은 동그란데 그림자는 네모이기도 하네?
주하: 그러네. 이렇게 봐도 저렇게 봐도 동그란데.
담: 진짜 신기하네. 그림자는 이렇게 다르게 보일 수도 있나 봐.

투명한 페트병의 그림자와 모양을 탐색하던 시윤이는 빨강, 파랑색의 투명블록을 가지고 창쪽으로 갔다. 햇빛에 대고 색깔 블록을 이리저리 돌려본다.

시윤: 선생님, 색깔 블록은 바닥에 이렇게 빨갛게 보여요. 두 개를 합쳐 볼까요? 그런데 이렇게 합쳐서는 색이 잘 안 보이네요.

교사: 그러네. 시윤이는 무슨 색이 비쳤을 것 같아?

시윤: 보라색이 비칠 줄 알았어요.

교사: 그런데 왜 비치지 않았을까?

시윤: 블록이 많이 많이 두꺼워서 그런 게 아니었을까요?

교사: 그랬을 수도 있겠다.

옆에서 관심 있게 보던 담이 참여했다.

담: 다시 떼면 색깔이 보이는 거지?

시윤: 맞아. 담아.

담: 블록을 다시 떼보자.

시윤이는 문득 무언가 생각난 듯 움직이더니 노란색 셀로판지를 가져왔다.

시윤: 이 셀로판지는 노란색으로 비치네.
주하: 주하도 해봐도 돼? 진짜 노란색이 보이네?

주하는 무언가 생각난 듯 다른 놀잇감을 가져왔다.

 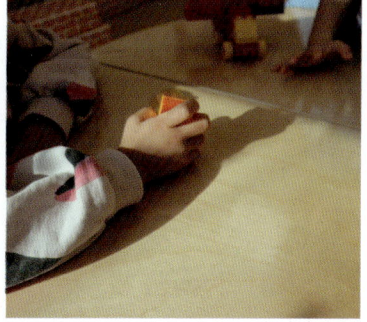

주하: 레고블록도 노랑인데 레고블록은 검정으로 보이네. 왜 그럴까?
시윤: 그건 셀로판지는 빛이 통과하는데 레고블록은 통과할 수가 없잖아.

두 어린이는 같은 색의 물건인데도 '그림자로 보이는 것'과 '빛이 통과되어 색이 보이는 것'에 상당히 진지하게 살펴보았다.

주하는 노란 믹서기 장난감을 가져와 빛에 대본다.

"응? 이것도 검정 그림자로 보이잖아!"

주말이 지나고 햇빛이 좋은 오전, 주하는 자기가 만든 자동차를 가지고 햇빛에 대보았다. 자세를 낮춰 진지하게 그림자를 바라보다가 어디론가 향했다.

노랗고 투명한 창이 달려있는 블록을 가지고와 바닥 가까이 대본다.
"바닥에 노랑색 빛이랑 검정그림자랑 둘 다 보여요. 둘 다 되는 거네."

OHP가 있는 교실이라 빛놀이를 예상했었다. 그런데 교사는 OHP에 한정된 '빛'을 생각했던 것 같다. 어린이의 관심은 햇빛으로 나아갔고 자연스럽게 그림자로 이어졌다. 햇빛으로 하는 놀이는 기계에 보였던 관심과 놀이와는 사뭇 달랐다. 빛놀이에 흥미가 생기고 새로운 놀이로 변형되는 힘은 '햇빛'에 있었다. 어린이가 "눈부실 정도나 따뜻한 햇빛"으로 표현하는 정도의 강한 햇빛이 있을 때 어린이들의 빛놀이는 새로워졌고 특별했다. 어린이들은 교실 천정에 들어온 빛을 "더 더 큰 빛"이라고 하면서 어디에서 왔는지를 찾았고 흐린 날은 하늘을 올려다보며 "그림자도 없고 알록달록한 빛도 바닥에 안 보여요"라며 아쉬워하였다. 어린이집 이동 중에 낯선 빛이 눈에 띄면 그 빛을 찾아 움직이다 햇빛과 만나기도 했다. 어린이에게 햇빛은 '빛'이 아니었다. 친구이고 놀잇감이고 기다려지는 '무엇'이었다. 교사에게 그저 당연한 것이었던 '햇빛'은 어린이들로 인해 '존재하는 무엇'으로 새롭게 다가왔다.

놀이과정

놀이 흐름	셀로판지 색깔 빛의 발견	셀로판지를 통과하는 색깔 빛
 어린이의 관심과 흥미	셀로판지, 햇빛, OHP 빛과 얽혀 가며 놀이함	색깔칩, 셀로판지를 통과하는 색깔 빛을 가지고 알록달록한 색을 탐색함
 교사의 생각과 고민	셀로판지로 할 수 있는 놀이를 찾아가는 것으로 보인다.	셀로판지를 활용한 다양한 놀이가 이루어지고 있다. '햇빛'에 대한 기대를 하고 있는 것으로 보인다.
 협의 및 지원	셀로판지를 붙일 수 있도록 손코팅필름을 제공함	셀로판지, 햇빛과 만나는 어린이를 따라가기로 함

* 어린이의 관심과 흥미, 교사의 고민, 협의 및 지원은 순환적으로 이루어짐

통과하는 빛 VS 통과하지 않는 빛	통과된 빛으로 만들어진 그림	같은 노랑색이지만 다른 그림자
빛이 투과하는 셀로판지로 인해 생긴 색깔 빛과 빛이 투과하지 않는 검정 그림자를 비교함	투과된 빛의 모양과 그림자의 모양을 비교하며 놀이함 강한 햇빛에 이미지가 겹쳐 보이는 장면에 관심 가짐	교실의 여러 놀잇감을 빛에 대보며 투과된 빛과 그림자의 차이를 비교, 관찰함
빛 투과의 정도에 따라 또 다른 경험을 할 것으로 기대된다.	OHP가 만들어 내는 빛과 자연스러운 햇빛을 의도적으로 또는 우연히 만나가고 있다.	친구의 놀이에서 아이디어를 얻으면서 자신의 속도와 방식으로 놀이하고 투과되는 빛과 그림자에 대한 이해를 높여가고 있다.
빛의 투과와 비투과를 동시에 관찰할 수 있는 자료를 추가 제공함	빛과 만나는 어린이를 관찰함	스스로, 친구를 통해 배움을 확장하는 존재로서 어린이를 존중하고 신뢰함

놀이와 연결된 어린이의 배움

신체건강
- OHP와 벽면 사이를 직선, 사선 등으로 이동하면서 대근육을 움직임
- 그림을 그리고 OHP로 얼굴 이미지를 꾸미는 등의 경험을 하며 소근육 조절

언어문해
- 자신의 생각과 느낌을 말로 표현하고 친구에게 전달
- 친구가 이해할 수 있도록 돕기 위해 질문이나 궁금증에 대하여 적절하게 설명

사회정서
- 친구를 통해 새롭고 재미있는 아이디어를 얻는 경험을 함
- 놀이를 반복함으로써 이해 수준을 높여가며 유능감을 느낌

예술경험
- 빛이 투과되는 재료와 그렇지 않은 재료를 활용하여 OHP로 얼굴 이미지를 구성
- 셀로판지 작품, 페트병 꾸미기 등 여러 가지 색깔 빛과 모양을 관찰하며 아름다움을 느끼고 적절한 움직임으로 표현

자연환경
- 햇빛 놀이를 통해 햇빛을 내 생활과 밀접한 것으로 인식
- 흐린 날은 햇빛 놀이를 못한다는 것을 알고 날씨의 변화에 주의를 기울임

창의탐구
- 벽면, 옷, 바닥 등에 비치는 빛을 통해 빛이 투과되는 성질 탐색
- 빛이 투과되는 것과 투과되지 않는 것을 실험하며 비교하는 경험
- 투과되는 빛의 모양, 색, 색의 혼합을 탐색

놀이와 연결된 어린이의 배움은 어린이가 경험하고 있는 배움의 내용 중 몇 가지를 정리한 것이다. 배움의 내용은 개별 어린이마다 다를 수 있으며 어린이와 놀이는 수많은 가능성을 가지고 있다. 교사는 이러한 배움의 내용을 참고하여 어린이의 경험을 읽어 내며 전문가로 성장해 갈 수 있다.

햇빛과의 숨바꼭질

🍊 연령: 4세 / 기간: 5개월

교실에서 가장 큰 창문이자 바깥놀이터를 통하는 통유리!
맑은 날이면 통유리를 통해 환한 햇빛이 교실 바닥에 넓게 드리워졌다. 교실에 들어온 햇빛에서 우연히 낙서한 듯한 그림자를 발견하면서 햇빛에 대한 관심이 높아졌다. 얼룩얼룩한 햇빛의 정체는 통유리에 붙어있던 테이프 자국이었다. 빛을 통해 나타난 그림자에 흥미를 느낀 유아들은 이런저런 놀잇감들을 햇빛 앞에 전시하기 시작하면서 놀이가 점점 커졌다.

놀이흐름

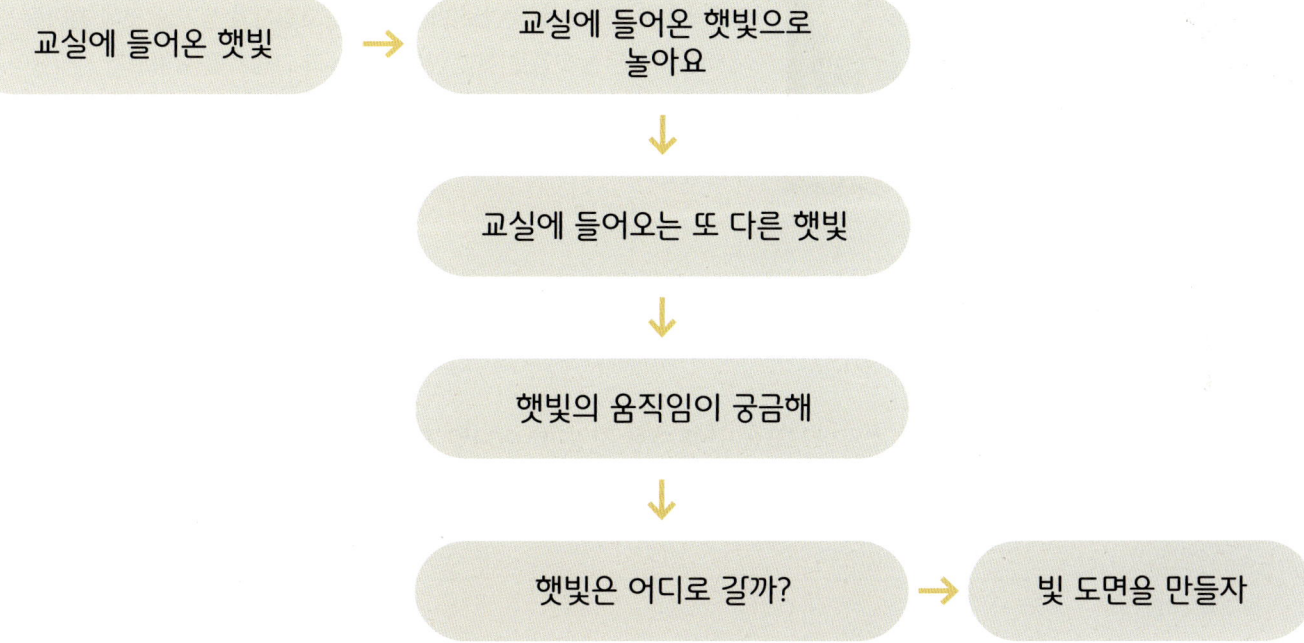

교실에 들어온 햇빛

교실의 통유리창에는 투명테이프 자국으로 얼룩이 남아 있었다.

햇빛의 얼룩 그림자를 유심히 들여다본 어린이들은 그 그림자가 유리창의 투명테이프 자국임을 알아보았다. 빛으로 그림자가 생기는 것에 흥미를 느낀 어린이들은 놀잇감을 햇빛 앞에 늘어놓고 그림자를 살펴보기 시작했다.

교사는 어린이들과 함께 집, 나무 등의 도안을 셀로판지로 꾸며 유리창에 부착하였다.

교사의 생각과 고민

🧠 어린이들의 흥미가 '빛'에 대한 것일까? '그림자'에 대한 것일까? 아니면 '햇빛' 그 자체에 대한 것일까?

협의 및 지원

A: 빛에 관한 놀이를 할 수 있도록 우선 라이트테이블을 제공해 줄까요?
B: 어린이들의 관심과 흥미가 어떤 포인트인지 섣부르게 판단하고 제공하기보다 일단은 어린이들과 놀이를 함께하면서 지켜보기로 해요.

교실에 들어온 햇빛으로 놀아요

햇빛과 함께 교실 바닥에는 셀로판지집과 나무 그림자가 생겼다. 어린이는 검정색 절연테이프를 요청했다.

다윤: 바닥에 진짜 그림을 그리면 안 되니까 따라서 테이프로 그림을 그릴 거예요.
주아: 그림만 그리면 끝! 색칠은 안 해도 돼요! 그림자가 색칠은 알아서 다~ 해줘요!

한별: 어제 햇볕이 엄청 많이 들어왔는데 지금은 조금밖에 안 들어와서 그림 그리기가 불편해.
다윤: **어제 햇빛이 몇 시에 들어왔었지?**
주아: 우리 햇빛 들어오는 시간이랑 거리를 적어 보자.
다윤: 어떻게? 좋은 방법 없나?
윤헌: 시계로 할까? 장난감 시계? 우린 시계 못 보잖아.
교사: 그건 내가 해줄게! 선생님이 시계 보는 걸 도와줄게.
다윤: 좋아요! 선생님이 시계 몇 시인지 알려 주고 우리가 종이에 적을게요!

교실 바닥의 그림자 테두리를 절연테이프로 '그림'을 그리면서 어린이들은 햇빛이 들어오는 시간에 대해 이야기했다.

교사의 생각과 고민

🌸 어린이들은 창을 통해 들어오는 빛으로 놀이하고 싶은 것 같은데... 빛이 들어오는 특별한 공간이 필요한 걸까? 어떤 공간을 제공해 주어야 할까?

협의 및 지원

A: 어린이를 관찰하며 놀이와 시선을 좀 더 따라가 보는 게 좋겠어요.

"선생님 여기 창문 좀 열어 주세요."
교사는 어린이의 요청대로 블라인드를 올렸다.

한별: 여기 높아. 햇빛이랑 놀려면 우리가 볼 수 있어야 하는데...

주아: 그림자가 여기 바닥으로 내려오지 않을까?

윤헌: 저기 큰 창에서도 햇빛이 짧게 들어오는데 여기는 높기도 하고.

다윤: 그래. 여기는 높고 햇빛이 바닥으로 내려오기에는 좋지 않아!! 으휴~~~

한별: 일단 한번 해보자! 블록들 다 모아보자!
　　　선생님 여기 햇빛 놀이하는 곳으로 만들어 보는 거 어때요?

교사: 좋~지! 어떻게 바꿔주면 좋을 것 같아?

교실에 들어오는 또 다른 햇빛

다윤: 선생님 여기서 빛놀이하니까 재미있지 않아요?
교사: 어떤 게 재미있는 것 같아?
다윤: 어제 10시에 저쪽 창문에서는 빛이 짧게 들어왔거든요.
　　　지금 똑같이 10시인데 이쪽은 더 길게 들어오는 것 같아요!
주아: 저쪽에서는 햇빛이 어디 있는지 보이진 않았는데 지금 여기서는 햇빛이 어디에 있는지도 보여!
다윤: 시간이 지날수록 햇빛이 점점 사라져.
윤헌: 그럼 아침 일찍은 엄청 많이 들어오는 거 아니야?
(중략)
주아: 표시도 해주고 동영상이랑 사진으로 좀 찍어 주세요!
다윤: 바닥에 뭐가 좀 보여야 좋을 것 같은데... 블록 말고 셀로판지를 좀 붙여 놓을까?
윤헌: 좋아! 점점 실험이 풀려가고 있어!

어린이들은 햇빛과 계속 놀이하고 싶어 했다.
어린이들은 햇빛을 찾아가는 이 '실험'을 친구와 함께 즐겼다.

교사의 생각과 고민

● 어린이는 시간과 햇빛의 관계를 어떻게 이해하고 있을까?

협의 및 지원

A: 햇빛의 움직임과 시간의 관계를 알 수 있는 환경을 만들어 주어야 할까요?
B: 우선 어린이가 요청한대로 원하는 색상의 셀로판지를 창문에 붙여주기로 해요.

"아침에는 빛이 더 많이 들어올 것 같은데?
선생님 아침에 일찍 와서 햇빛 사진 찍어 주세요."
다음 날 아침 7시 30분, 이른 시간에 출근한 교사는 높은 창으로 들어오는 햇빛을 사진으로 담을 수 있었다.

햇빛에서 놀이하고 싶은 어린이들은 햇빛이 들어오는 시간을 찾아가기 시작했다. 그런데, 궂은 날이 많기도 했고 코로나19로 등원하지 못하는 날이 많아지면서 햇빛이 들어오는 시간을 지속적으로 찾기에는 어려움이 있었다. 그럼에도 등원하는 날이면 하루일과가 이루어지는 틈틈이 햇빛을 찾아 색 블록, 그림 그리기, 반사거울, 종이 등을 활용하여 햇빛 놀이를 하곤 했다. 그렇게 시간이 지나갔다.

햇빛의 움직임이 궁금해

6월의 어느 날, 교실에 환한 햇빛이 드리워졌다. 모처럼 등원한 어린이들과 함께
놀이하면서 교사는 의도적으로 햇빛에 대한 궁금함을 표현했다.

교사: 오늘도 햇님은 매트에 놀러 왔네? 매트가 좋은지 항상 매트 위에 일등으로
 들어가 있는 것 같아. 왜지...?
교사의 이야기를 듣고 다윤이가 그 이유를 설명했다.
다윤: 왜긴요~! 창문이 앞에 있잖아요!
교사: 창문?
다윤: 햇빛이 들어올 수 있는 문은 창문 밖에 없거든요!
 지난번 우리가 실험했던 사진 좀 보여줄 수 있으세요?

어린이들은 햇빛과 그림자가 계속해서 다른 위치에 있는 것을 발견했다.
'햇빛의 움직임에 대해 이전부터 가졌던 질문'을 떠올리게 되었다.
다윤: 우리반 큰 창문이랑 작은 창문 거기로 햇빛이 들어와.
 그 다음에 유희실에 들어와. 그런데 그 다음에는 어디로 가는지 지금 알 수가 없어.
주아: 아침 일찍에는 햇빛이 어디로 들어올까?
윤헌: 그럼 우리 CCTV가 필요해!

이전의 페트병 놀이에서 CCTV를 경험한 적이 있는 어린이들은 원장님께 햇빛의 움직임
을 살펴보기 위해 CCTV 사진을 요청했다.

햇빛은 어디로 갈까?

교사의 생각과 고민

- 어린이들이 등원을 하지 못하는 상황이라 놀이에 대한 흐름이 끊어져 흥미가 떨어지지 않을까?
- 놀이가 계속 연결이 되려면 어떻게 지원해야 할까?

협의 및 지원

A: 어린이들이 이야기한 햇빛의 움직임이 보이는 **CCTV 사진**을 원장님께 부탁드려야겠어요.
B: 어린이들과 함께 **큰 모니터**로 보면 좋을 것 같아요.

어린이들은 우리 교실의 놀이터 창문에서 빛이 시작되는 줄 알고 있었다. 다음 날, 원장님이 보내주신 CCTV 사진에서 햇빛은 놀이터 창문이 아닌 반대쪽 화장실 문과 벽에서부터 움직이기 시작했고 매트 위로 천천히 다가왔다. 이 사실에 어린이들은 놀라워했다.

"뭐야 결국 햇빛은 길가가 보이는 긴 창문에서부터 시작하는 거였어!"
"어린이집에 있는 모든 창문으로 햇빛이 들어오고 있어! 창문을 먼저 다 찾자."
"햇빛이 달라졌어! 움직여! 그림자도 움직여!"
"우리반 창문에 먼저 들어오고 그 다음에 유희실로 가잖아!"
"응 맞아! 그럼 그 다음에는 동생반 교실로 옮겨가겠지?"
"비밀 금방 풀겠네~ 야호!"

어린이들은 우리반-유희실-동생반 교실 2개의 방향으로 옮겨갈 것이라는 가설을 가지고 있었다.
교사의 "왜?" 라는 질문에 "지구는 원래 돌고 도니까 분명 우리반으로 들어와서 한 바퀴 돌고 나갈 거예요"라고 답했다.
어린이들은 책과 어른들의 이야기로 알게 된 지식을 바탕으로 설명했다.

동생반 선생님들께 도움을 요청해 보자는 교사의 제안으로 어린이들은
동생반 두 곳을 방문하였다.

한별: 선생님 우리가 햇빛이 우리반에서 어디로 가는지 찾고 있는데
　　　동생반에는 햇빛이 몇 시에 들어오는지 알아요?
교사: 음.. 햇빛은 들어오는 것 같은데... 몇 시에 들어오는지는 정확하게 모르겠어...
　　　선생님이 관찰해보고 이야기해 줘도 될까?
주아: 네~ 그럼 시간이랑 사진을 좀 찍어서 저희한테 보여주세요.

동생반 선생님들께 '주말이 지난 후 사진 보러 다시 오겠다'고 말씀드리고 기다려 보기
로 했다. 그러나 장마가 시작되면서 햇빛을 무작정 기다려야 하는 상황이 되었다.

빛 도면을 만들자

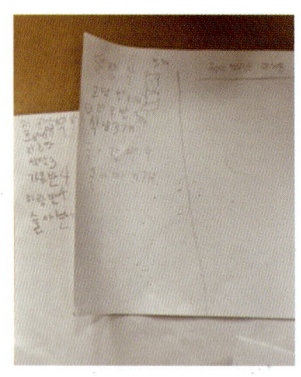

동생반의 햇빛 움직임을 확인한 어린이들은 햇빛 움직임에 대한 가설을 증명했다. 어린이들은 각 교실의 창문 개수와 빛이 들어오는 시간을 기록하였다.

"우리 교실에 비상대피도 있잖아요. 그거 같은 그림을 만들고 싶어요."
"언제 어디로 빛이 오는지 알아야 햇빛과 놀 수 있잖아요!"

다윤: (건물 윤곽선에 창문 개수대로 그린 그림을 보며) 이거 아닌 것 같은데..
주아: 일단 우리 어린이집이랑 너무 달라.
한별: 다르면 어때!
  우리가 만든 도면이잖아!
다윤: **교실을 나눠야 하는데 이건 이상하지 않아?**
주아: 창문을 많이 그렸는데...
  나도 이상해 보여.

주아: 여기 칸을 너무 많이 그렸어! 그리고 칸도 너무 작아. 우린 교실을 그리고 그 안에 빛이랑 그림자를 그리는 도면이라서 진짜 도면보다 커야 해.
다윤: 교실마다 크기도 다르고...
주아: 우리가 창문 수 적어 놓은 종이 보고 교실 크기를 나누는 건 어때?
다윤: 그렇게 하고 있는데... 쉽지 않아.
주아: 선생님 도와줄 수 있으세요? 어린이집 모양을 아주 크게 그려 주세요. 모양만이요.

주아: (자신들의 기록용지를 보며) 창문의 수를 보면서 칸을 나누자.
다윤: 비밀 종이야, 이건!
주아: 우리가 얼마나 열심히 알아낸 건데!
한별: 맞아! 아무도 보여주면 안돼!
다윤: 사람들한테는 도면을 보여주고 딱 빛그림자를 알아볼 수 있어야 해!
주아: 맞아! 우리가 설명해 주지 않아도 도면을 보면 바로 알 수 있어야 해!
다윤: 아휴~ 그러려면 도면을 잘 그려야 하는데... 도통 쉬운 일이 아니야~

<빛과 그림자 도면>

두 번의 시행착오를 거치면서 어린이들은 빛 도면을 성실하게 만들어 갔다. 도면을 만들면서도 그 시각에 햇빛이 어디에 있는지를 친구들과 함께 하나하나 확인해 갔다.
도면은 잘 보이도록 빛 그림자 공간 창문에 두기로 했다.

"그림자 놀이하자!"
"지금 10시야! 10시에 빛 그림자가 놀러 곳은 어디지? 도면 확인!!!!!"
"우리가 따온 깻잎. 햇빛에 말려 보자!! 빛 들어오는 시간 확인하자!"

어린이들은 수시로 도면을 활용하면서 햇빛과 연관된 놀이를 했다.

어린이들이 알아간 것은 멀리 있는 추상적 지식이 아니었다. '지금, 우리 교실에 들어오는 햇빛이 언제 어디로 움직여 가고 있나'의 규칙성에 대한 것으로 어린이들은 언제 어디서 햇빛을 만날 수 있는지를 예측하고 기다렸다. 햇빛이 나타나면 햇빛과 함께 할 수 있는 놀이들을 찾았으며 햇빛이 사라지면 어디로 갔는지 궁금해했다. 마치 숨바꼭질하는 친구처럼 햇빛이 지금 어디에 있을까를 어린이집 곳곳을 수소문하면서 햇빛의 위치와 움직임에 대한 규칙성을 찾아간 것이다. 어린이들은 이 발견에 대해 "우리가 알아냈잖아."라고 반복하여 말했다. '우리가 알아낸 놀라운 비밀'을 2차원 도면으로 구체화하는 작업은 진지했다. 이쯤 되면 교사에게 도움을 요청하겠지 싶은 순간에도 어린이들은 그러지 않았다. 마지막까지도 스스로 해내고 싶은 마음이 교사에게 온전히 전해졌기 때문에 어린이들이 도움을 요청했을 때 교사는 오히려 고마웠다. '햇빛과의 숨바꼭질' 놀이를 하면서 어린이들은 어린이집의 다른 공간에 대해 사고하고 필요한 부분을 여러 구성원들에게 요청하는 경험을 할 수 있었다. 어린이들은 동생반 어린이들, 선생님들 그리고 학부모를 초대하여 '빛과 그림자 도면' 탄생 과정을 나누는 시간을 가짐으로써 어린이집 모든 구성원들의 지지와 도움에 대한 감사를 전했다.

놀이과정

놀이 흐름	교실에 들어온 햇빛	교실에 들어온 햇빛으로 놀아요
어린이의 관심과 흥미	유리창에 남은 테이프 자국이 만든 그림자에 관심을 가지고 놀잇감을 두어 그림자를 만듦	절연테이프로 그림자를 따라 그림을 그림 햇빛이 들어오는 시간을 궁금해함
교사의 생각과 고민	어린이의 흥미는 빛? 그림자? 햇빛? 무엇일까?	햇빛으로 놀이하고 싶은 걸까? 빛이 들어오는 특별한 공간이 필요한 걸까?
 협의 및 지원	어린이의 놀이에 함께하면서 지켜 보기로 함	어린이의 놀이, 시선 따라가기로 함

* 어린이의 관심과 흥미, 교사의 고민, 협의 및 지원은 순환적으로 이루어짐

교실에 들어오는 또 다른 햇빛	햇빛의 움직임이 궁금해	햇빛은 어디로 갈까?	빛 도면을 만들자
햇빛 찾아가는 '실험'을 친구와 함께 즐김 햇빛이 들어오는 때를 알아보려고 함	햇빛이 어디로 들어오는지, 햇빛의 움직임에 궁금증을 가짐 CCTV 사진을 요청함	CCTV 사진으로 햇빛의 움직임을 추측하고 가설을 세움 동생반에 햇빛이 들어오는 시간을 확인함	햇빛의 움직임을 나타내는 도면 만들기를 시도함 두 번의 시행착오를 거쳐 '빛과 그림자 도면'을 완성하고 햇빛으로 놀이하는 데 활용함
어린이는 시간과 햇빛의 관계를 어떻게 이해하고 있을까?	놀이의 흐름이 끊어지지 않도록 어떻게 지원해야 할까?	어린이는 햇빛이 들어오는 시간을 확인하며 햇빛과 놀고 싶어한다.	햇빛의 움직임을 한 평면에 나타낼 수 있을까?
우선, 어린이가 요청한대로 창문에 셀로판지를 붙임	교사가 의도적으로 햇빛에 대한 궁금함을 표현함 CCTV 사진을 제공함	햇빛의 움직임을 따라가는 어린이들과 함께함	어린이가 요청한 도면 틀과 큰 종이를 제공함

놀이와 연결된 어린이의 배움

언어문해
- 생각 또는 알게 된 내용을 글자로 기록
- 어린이집과 햇빛의 움직임에 관한 지식과 정보를 도식으로 전달하는 경험
- 도면 제작 과정에서 제목과 정보 전달을 위한 글씨를 씀
- 생각과 아이디어를 나누면서 대화를 잘 듣고 이야기의 흐름에 맞게 의견을 제시하는 경험

신체건강
- 높고 낮은 공간에서의 이동, 왼쪽 오른쪽으로의 수평적인 이동을 하면서 햇빛을 찾아다니는 경험을 함
- 그림자 그림, 기록과 도면 그림 등 소근육을 조절하면서 도구를 적절하게 사용하게 됨

자연환경
- 햇빛이 고정된 것이 아니라 일정한 속도와 방향으로 움직인다는 것을 경험
- 날씨의 변화에 주의를 기울이면서 햇빛과의 관계성을 경험
- 햇빛으로 놀이하며 통해 밝기, 건조, 따뜻함 등의 햇빛의 속성을 경험

사회정서
- 친구와 협력하여 질문에 대한 답을 찾아가고 문제를 해결하는 경험
- 친구와 역할을 나누면서 도면을 완성하는 경험
- 우리 교실에서 놀이공간을 새롭게 만들고 협의를 통해 바꾸어 가는 경험
- 햇빛의 움직임을 알아가는 과정에서 어린이집 구성원들의 도움과 배려를 받는 경험

예술경험
- 색 블록, 셀로판지 도안 그림 등에서 색, 모양 등의 미술적 요소를 인식

창의탐구
- 햇빛이 들어오는 시간, 위치, 거리 등을 파악하고 기록하는 과정에서 수학적 경험과 학습을 하게 됨
- 햇빛의 움직임에 대한 이론을 시행착오를 통해 2차원의 도면으로 표상
- 어린이집 공간의 배치, 창문의 위치와 창문의 개수 배치, 입구 표시 등 도면 제작 과정에서 공간의 위치와 비율, 숫자 등의 수학적 경험과 학습을 하게 됨

놀이와 연결된 어린이의 배움은 어린이가 경험하고 있는 배움의 내용 중 몇 가지를 정리한 것이다. 배움의 내용은 개별 어린이마다 다를 수 있으며 어린이와 놀이는 수많은 가능성을 가지고 있다. 교사는 이러한 배움의 내용을 참고하여 어린이의 경험을 읽어 내며 전문가로 성장해 갈 수 있다.

우리가 만든 그림자 시계

교실 곳곳에서 대칭놀이가 일어나고 있었다. 어린이들은 대칭 모양을 만들어 창문에 붙여 전시하기 시작했다. 햇빛으로 생긴 대칭 모양 그림자에 호기심을 보이면서 빛놀이가 시작되었지만 흥미가 점차 줄어들더니 놀이가 일어나지 않았다. 교사는 자연스럽게 일어났다 사라져버린 빛놀이를 지원할 것인지를 고민했다. 보다 과학적인 관점과 태도로 빛과 그림자 놀이를 하며 경험을 통해 과학적 지식을 체득하기를 바랐다. 그 과정에서 햇빛이라는 자연현상이 생활의 일부가 되고 경외하는 마음을 품을 수 있기를 기대하면서 '셀로판 필름'을 교실에 슬쩍 두었다. 의도적이지만 작은 지원이었다.

🌱 연령: 4·5세 / 기간: 2개월

(불투명한 물체가 빛을 막아 생기는 어두운 부분을 그림자라고 한다. 본 사례에서 어린이는 투과된 색깔 빛을 '그림자'라고 부르고 있다. 어린이 고유의 표현으로서 '그림자'를 그대로 쓰고자 한다. 다만 놀이 흐름을 보여주는 부분에서는 '색깔 빛' 또는 '색깔 빛 그림자'를 함께 쓰고 있음을 밝힌다.)

놀이흐름

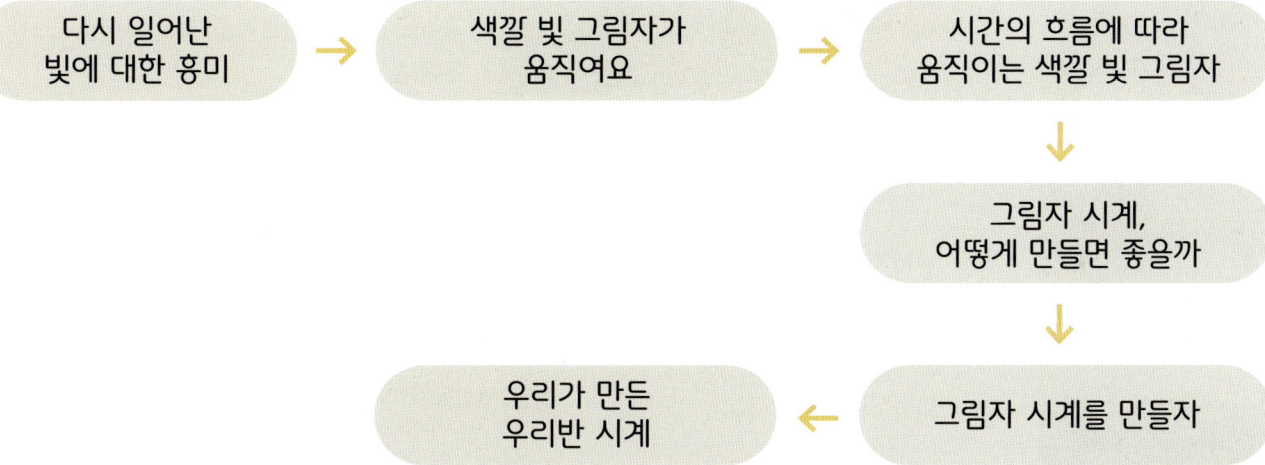

다시 일어난 빛에 대한 흥미

잠시 나타났다 사라져 버린 빛놀이에 대한 어린이의 흥미를 높이고자 하는 의도로 셀로판 필름을 제공했다. 어린이들은 새로운 재료에 높은 관심을 보였다.

재이: 엄청 튼튼하다.
서진: 진짜! 코팅한 거 같아. 이거 봐! 재이가 빨간색으로 보여!

만지고 구부리고 들여다보며 셀로판 필름의 두께감과 반투명한 특성을 탐색한다.
그리곤 셀로판 필름에 그림을 그려 오린 뒤 창문에 붙인다.

서진: 엄청 알록달록할 것 같은데...
재이: 근데 그림자가 안 생기네.
서진: 언제 생기는거야!
재이: **해가 나와야지.**

셀로판 필름을 충분히 탐색한 어린이들은 대칭 모양으로 잘라 창가에 가득 붙였다. 그런데 연이은 흐린 날씨에 그림자는 교실 안으로 들어오지 않았다. 어린이들은 햇빛을 기다렸다.

협의 및 지원

A: 셀로판 필름에 금방 익숙해지고 능숙하게 다루는 것 같아요.
B: 햇빛을 기다리는 어린이를 보면서 여유 있게 기다리기로 해요.

색깔 빛 그림자가 움직여요

아침에 교실로 햇빛이 들어왔다. 구름이 있는 날씨로 햇빛이 다소 약하게 들어왔다. 바닥에는 흐릿한 색깔의 빛이 보였다. 등원한 어린이들은 그토록 기다리던 햇빛을 보고 창가로 모여들었다.

서진: 그림자다!! 알록달록해!
민석: 여기까지 들어왔어!
서진: 아, 근데 잘 안보이네…
설린: 전에는 엄청 진했었는데.
서진: 선생님 너무 흐릿해요.

색깔 빛이 흐릿하다고 아쉬워하는 어린이들을 위해 교사는 바닥에 전지 두 장을 깔아 주었다. 색깔이 조금은 선명해 보였다. 어린이들은 전지 위 색깔 빛을 유심히 들여다보았다.

유하: 예쁘다~
설린: **여기에 그림자 그려 보고 싶어요.** 그려 볼래요!

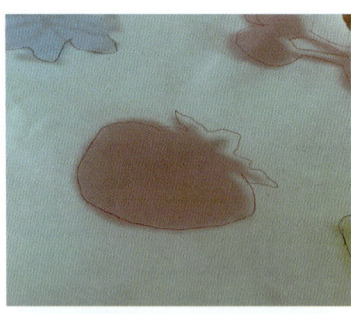

어린이들은 색연필을 가져와 색깔 빛 그림자의 윤곽선을 따라 그림을 그리기 시작했다.

민석이가 이상한 점을 발견했다.

민석: 어?
교사: 왜 그래??
민석: **아까 분명히 그림자가 여기 있었는데, 바뀐 것 같아요.**
교사: 그랬구나! 왜 그러지?
서진: 어디? 흠 조금 삐져나온 거 아니야?
민석: 아니야, 서진아. 그렇게 말하는 거 불편해. 진짜 바뀌었어.
교사: 그럼 그림자가 바뀌었는지 알아보는 건 어때? 어떻게 알아보면 좋겠어?
서진: 여기 그림을 그렸으니까 조금 있다 보면 되잖아요!
교사: 그래 그것도 좋겠어!

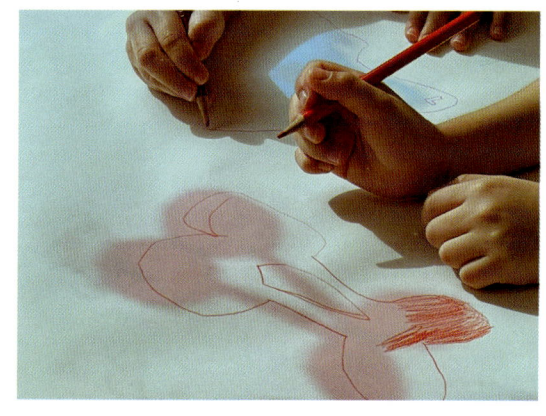

어린이들은 그림자 그림을 그리면서 변화를 살피기로 했다. 얼마 있지 않아 민석이가 외쳤다.

민석: 이거 봐! 바뀌었잖아!

서진: 어?? 정말이네! 선생님 이거 보세요!

교사: 어? 정말 바뀌었네!

설린: 선생님, 제가 그린 하트도 바뀐 것 같아요!

민석: 이쪽으로 내려갔어!

교사: 근데 왜 이렇게 바뀌는 걸까?

어린이들: (곰곰이 고민하면서) 음...

서진: 잘 모르겠어요. **근데 점점 움직이는 거 같은데?**

교사: 그러게, 점점 움직이는지 어떻게 움직이는지 한번 알아볼까?

교사의 생각과 고민

- 교사의 질문이 어린이들에게 생각할 거리를 많이 던져 주는 것 같다.
- 어린이들이 그림자의 위치가 점점 변하는 것을 좀 더 쉽게 알 수 있도록 어떻게 지원하면 좋을까?

협의 및 지원

A: 색연필 대신에 연필을 제공해주면 어떨까요? 연필로 그림자를 그리면 '색'보다는 '모양'에 집중하면서 그림자의 위치가 이동하는 게 더 잘 보일 것 같아요.

B: 연필을 준비해 주고 그림자의 움직임 차이를 어떻게 인식하게 되는지 지켜볼게요.

A: 좋은 질문에 대해서도 늘 고민해야겠어요.

시간의 흐름에 따라 움직이는 색깔 빛 그림자

어린이들은 연필로 그림을 그리면서 색깔 빛 그림자의 변화를 계속 관찰하기로 했다. 하지만 해가 구름 뒤로 숨었다 나오기를 반복하였고 색깔 빛은 다시금 사라졌다.

어린이들은 기존에 그렸던 색깔 빛의 윤곽선을 색칠하며 해가 나오기만을 기다렸다.

"해 나온다!"

"그림자가 또 움직였어!"

색깔 빛 그림자가 움직인 것을 확인한 어린이들은 재빨리 연필을 가져와 변화된 색깔 빛의 윤곽선을 그렸다.
*색칠한 부분: 기존 색깔 빛 그림자 / 연필그림: 새로 생긴 색깔 빛 윤곽선

색깔 빛은 대각선 아래로 점점 내려갔다. 그림을 유심히 보던 설린이가 말했다.

설린 : 나비가 바닥까지 내려왔어! 근데 그림자가 조금 납작해진 것 같아.
민석 : 그림자 모양도 바뀌었나?
설린 : 그런 거 같은데? 아! 근데 저번에 색종이 붙였을 때는 여기 책상 위에도 그림자가 있었어. 근데 지금은 바닥까지만 왔어!
시간에 따라 그림자가 바뀌나?

교사: 그러게, 시간에 따라 그림자가 바뀌는 걸까?

창밖을 바라보던 민석은 손가락으로 밖을 가리키며 말했다.

민석: 음... 저는 뭔가 해가 계속 움직여서 그런 거 같아요! 저거 보세요! 아까는 시티프라디움 쪽에 있었는데 이제 빛마루 위에 있잖아!

하윤: 정말! 아까는 저기에 있었어!

설린: 시간이 지나면서 해가 움직여서 바뀌나 봐!

교사: 그럴 수 있겠다! 근데 해는 왜 움직이는 거야?

민석: 저 알아요! **지구가 해 주변을 빙글빙글 돌아서 해가 움직이는 거예요!**

평소 지구와 행성에 관한 그림책을 즐겨 읽는 민석이는 지구의 자전에 대해 말했다. 그림자가 바뀌는 것이 해의 위치가 천천히 변화하기 때문이라는 것을 투과된 색깔 빛을 통해 알아가고 있었다.

설린: 근데 내일도 오전 간식 먹을 때 처음에 그린 곳에 그림자가 있을까?

민석: 그럴 것 같아! 한번 내일도 보자!

설린: 그러면 써놔야겠다!

설린이는 전지 한쪽에 '색칠한 건 오전 간식, 연필로 그린 건 오전 자유놀이 시간'이라고 적었다.

설린: 선생님 지금 몇 시예요?
교사: 지금? 10시 35분!
설린: 그럼 아까 처음에 그릴 때는 몇 시였어요?
교사: 그때는 9시 25분쯤 되었던 것 같아!

설린이는 처음 그린 색깔 빛 그림에 '9:25', 지금 그린 그림에 '10:35'라고 썼다.

민석: 근데 선생님 옛날에는 시계가 없어서, 그림자로 시간을 알았대요.
교사: 맞아! 어떻게 알았어??
민석: 책에서 봤어요. 근데 **우리도 이렇게 그림 그리고 시간도 써놔서 시계 안 봐도 시간을 알 수 있겠어요!**
설린: 맞아! 여기에 원숭이가 오면 오전 간식 먹을 시간이고, 저기에 가면 놀이 시간인 거야! 아! 근데 점심시간은 못 그렸다!
민석: 특별활동 시간도!
서진: 이따 또 그리면 되잖아!
민석: 그래! 다 그리자, 그림자 시계로 하면 동생들도 시간을 알 수 있겠다!

교사의 생각과 고민

- 색깔 빛의 변화를 통해 해의 움직임, 위치 이동을 파악하고 있다.
- 해의 이동으로 시간의 흐름, 일과, 시각을 이해하여 표기한다.
- 생활의 필요에 의해 탄생한 '해시계'처럼 '그림자 시계' 개념이 등장했다.

그림자 시계, 어떻게 만들면 좋을까

주말 동안 많은 양의 비가 쏟아졌다. 하필 창문 틈 사이로 비가 새는 바람에 어린이들의 그림자 기록이 모두 젖어버렸다. 어린이들에게 이 사실을 전했다. 어린이들은 놀라고 아쉬워했지만 "다시 해보면 되지!"라고 이야기했다.

교사: 좋아! 다시 해 보자! 근데 우리 다시 해 보기 전에 무슨 시간을 기록해 볼지 정해 보는 게 어때?
　　그리고 불편한 점이 있거나, 이렇게 했으면 좋겠어요! 라고 생각한 것이 있을까?
서진: 정리시간이나 간식 먹으러 갈 때 이럴 때 기록하면 어때요?
지안: 그림자가 너무 많아서 어떤 그림자를 봐야 할지 모르겠어요.
교사: 맞아, 그랬었던 것 같아. 그럼 어떻게 해 볼까?
설린: 음... 그럼 우리 조금만 붙여둘까?
민석: 그래!
재이: 근데 어떤 그림자는 무슨 시간인지 써 있는데, 아닌 그림자도 있어서 무슨 시간인지 모를 것 같아.
민석: 또 있어요! 그린 곳에 그림자가 와도 색칠이 돼서요. 이게 그림자인지, 그림인지 잘 모르겠어요.
　　그림을 색칠하지 말고, 무슨 시간인지 쓰는 건 어때?
재이: 그게 좋겠다. 그럼 무슨 시간인지 알 수 있을 것 같은데!
서진: 나도 찬성!

협의 및 지원

A: 어린이들과 협의한 대로 색깔 빛 기록의 기준점이 되는 셀로판 필름 개수를 줄여 주도록 해요.
B: 기록의 시각(하루일과를 중심으로)을 설정하고 기록된 윤곽선에 색칠 없이 일과시간을 기입할 수 있도록 옆에서 지켜봐 주어야겠어요.

그림자 시계를 만들자

지안: 모양과 색깔은 이게 좋겠어.
재이: 좋아. 근데 이거 너무 가까운 거 같은데~
설린: 조금 더 멀리 붙이자.

어린이들은 함께 협의하면서 셀로판 필름의 개수를 줄여 갔다.

설린: 빛이다!
재이: 아까는 없었는데!
민석: 이제 해가 나왔어!
지안: 양치시간엔 여기 있나 봐!
설린: 선생님 필름 하나 붙여 주세요. 저기예요!

어린이들이 요청한 위치에 필름을 하나 붙여 주었다.
그러자 생겨나는 색깔 빛! 어린이들은 서둘러서 종이를 깔고 그림을 그렸다.

설린: **동생들은 아직 글자를 잘 모르니까 그림도 그려줬어요!**
지안: 양치시간이라 치약이랑 칫솔 그린 거야?
설린: 응.
교사: 이렇게 하면 동생들도 알 수 있겠다~

민규: 뭐해?
민석: 이제 저기(정면 창문)에는 빛이 안 들어와!
민규: 맞아, 저기(측면 창문)에 해가 왔어. 빛이 빛마루 쪽에서 이렇게 동그랗게 움직이나 봐.
민석: 맞아, 아까는 여기에 빛이 없었거든. 이따가 여기로 올 거야! 전에 오후 간식 먹고 봤어!
민석이는 해의 움직임을 예상하고 후면 창문에 미리 필름을 붙였다.

다음 날은 맑은 날씨로 인해 교실 안으로 햇빛이 가득 들어왔다. 어린이들은 오전일과부터 차례로 색깔 빛 윤곽선을 그리며 해의 움직임을 기록했다. 일과가 달라지는 시점을 글과 그림으로 기록해 갔다. 어느덧 교실 바닥에는 어린이들이 부착해둔 '그림자 시계'로 가득했다.

교사의 생각과 고민

- 색깔 빛의 움직임을 예측하고 따라가며 그림자 시계를 만들어 가고 있다.
- 어린이들이 스스로 만든 시계를 어떻게 활용할지 기대된다.

우리가 만든 우리반 시계

어린이들은 교사에게 시간을 물어보는 일이 줄었다. 그날은 점심을 먹고 평소보다 이른 시간에 교실에 도착했다. 당연히 양치시간일 것이라 생각하며 '그림자 시계'를 보았다. 그런데 색깔 빛이 '그림자 시계'에 아직 도달하지 않았다.

재이: 어? 아직 양치시간에 완전히 안 갔어!
지안: 이상하네, 어제 양치시간에 그렸는데.
서진: 모르겠다! 일단 책 읽으면서 기다려 보자!

재이: 점점 이쪽으로 가고 있어!
서진: 도착 양치시간!
지안: 이제 양치하자~

설린: 여기에 오면 놀이하는 시간인 거야!
유하: 이제 얼마 안 남았네?
시윤: 그럼 여기에 오면?
재이: 그때는 체육하러 가야 해!

어린이들은 '그림자 시계' 보는 법을 공유하고 스스로 시계를 보면서 일과에 참여했다. **어린이들은 다 함께 '그림자 시계'를 들여다보며 다음 일과를 즐겁게 기다렸다.**

록희: 정리 언제 하지?
민석: 선생님 정리 언제... **아! 우리도 시계가 있었지~**
록희: 맞아~ 보러 가자!
재이: 아직 이만큼 남았어! 조금 더 놀이하자~

모두: (손으로 그림을 가리며) 하나! 둘! 셋! 넷!... 열!
손을 모두 뗀다. 그리고 그림에 그림자가 위치했는지를 본다.
담: 아!! 아직이야!!!
설린: 도대체 언제 오는 거야!!
민규: 이번엔 60까지 세 보자! 하나! 둘! 셋!...

5세 어린이들은 4세 동생들에게 '그림자 시계' 보는 법을 알려주면서 함께 참여할 수 있도록 했다.
어른들에게 시간을 묻지 않고 '그림자 시계'로 시간을 파악하는 어린이로서의 '유대감'을 가지는 듯 보였다.

그런데 어느 순간부터 색깔 빛은 '그림자 시계'와 맞지 않았다.
색깔 빛과 '그림자 시계'의 거리는 점점 멀어져갔다.

민석: (그림에 손을 대며) 여기에 와야 하는데…
민규: 해가 너무 위로 떴나?…
설린: 벌써 시간 지난 것 같은데…

어린이들은 우연한 발견과 호기심으로 놀이를 이어갔다. 이 과정에서 해가 움직인다는 것, 그리고 해의 위치에 **따라 투**과된 색깔 빛이 움직여 간다는 사실을 발견했다. 그림책과 어른들의 설명으로 알게 된 지식을 놀이하면서 예측 및 확인하고 검증했다. 여기서 한 걸음 더 나아가 탐구하고 궁리한 끝에, 어린이들만의 특별한 시계를 만들어 냈다. 마치 우리 선조들이 자연의 원리를 생활의 연속성과 연결하여 해시계를 만든 것 같이 어린이들은 꾸준하고 성실하게 해의 움직임에 동참했다. 어린이가 탁월한 과학자일 수 있는 것은 일상적인 것을 새롭게 볼 수 있는 '눈'을 가졌기 때문이다. 반짝이는 호기심으로 만나는 세상은 어린이들에게는 즐거운 놀이터다. 마음껏 놀이할 수 있도록 기다려주고 믿어준다는 것이 무엇인지 경험을 통해 점점 더 확신하게 된다. 무엇보다 교사는 교실에서의 시간 흐름에서 일방적이었다는 것을 새삼 느낀다. 어린이가 시계를 못 본다거나 시간 개념 형성이 아직 부족하다는 생각에 친절하고 쉬운 방식으로 시각을 알려 주려는 접근만 하였을 뿐, 같은 공간에서 함께 시간을 보내는 '우리'가 하루를 어떻게 보낼 것인지에 대해 협의할 수 있다는 생각은 못했다. 시간의 흐름을 파악하고 자율적이고 주도적으로 시간을 운영하는 기쁨을 표출하는 어린이를 보면서 교사의 편견 하나가 깨어졌다. 마음이 한층 가벼워졌다.

놀이과정

놀이 흐름	다시 일어난 빛에 대한 흥미	색깔 빛 그림자가 움직여요
어린이의 관심과 흥미	셀로판 필름을 잘라 창문에 붙이고 그림자가 생기기를 기다림	전지에 생긴 색깔 빛 그림자의 윤곽선을 따라 그림 색깔 빛 그림자가 움직이는 것을 발견함
교사의 생각과 고민	셀로판 필름과 햇빛에 흥미를 보이는 어린이의 놀이가 어떻게 흘러갈까?	교사의 질문이 어린이들에게 생각할 거리를 많이 던져주는 것 같다. 그림자의 위치가 변하는 것을 좀 더 쉽게 알 수 있도록 할 수 있을까?
협의 및 지원	햇빛을 기다리는 어린이와 함께 기다리기로 함	좋은 질문에 대한 고민을 하기로 함 그림자 움직임의 차이를 인식할 수 있도록 연필을 제공함

* 어린이의 관심과 흥미, 교사의 고민, 협의 및 지원은 순환적으로 이루어짐

시간의 흐름에 따라 움직이는 색깔 빛 그림자	그림자 시계, 어떻게 만들면 좋을까	그림자 시계를 만들자	우리가 만든 우리반 시계
기존 색깔 빛은 색연필로 색칠하고 새로 생긴 색깔 빛은 연필로 윤곽선 그림 바뀌는 색깔 빛 그림자에 시간을 씀	비에 색깔 빛 그림자 기록이 젖어 다시 그리기로 함 그림자 기록을 어떻게 하면 좋을지 협의함	셀로판 필름의 개수, 창문에 붙이는 위치를 변경함 전지에 색깔 빛 그림자의 윤곽선을 그리고 어떤 시간인지를 기록함	'그림자 시계' 보는 법을 공유하고 '그림자 시계'로 시간을 확인하며 주도적으로 일과를 보냄
시간의 흐름, 일과, 시각, 시간에 대하여 얼마나 이해하고 있을까?	그림자 시계를 새롭게 기록하는데 있어서 보완할 점이 있는지 어린이들과 함께 고민해 보면 어떨까?	어린이들이 스스로 만든 시계를 어떻게 활용할지 기대된다.	교사에게 묻지 않고 '그림자 시계'로 시간을 파악하는 어린이로서의 '유대감'을 가지는 것으로 보인다.
색깔 빛의 움직임, 시간의 흐름, 시계에 대한 어린이의 놀이를 관찰함	어린이들이 회의할 수 있도록 문제제기를 함 회의 내용대로 셀로판 필름 개수를 줄이고 함께 정한 방법으로 기록할 수 있도록 지원함	색깔 빛과 시간을 기록하는 어린이와 함께 놀이하기	친구와의 유대감, 연대감을 가지고 함께 배워가는 존재로서 존중과 신뢰하기

놀이와 연결된 어린이의 배움

신체건강
- 색연필, 연필 등의 쓰기자료와 가위 등을 사용하기 위해 소근육을 조절
- 셀로판 필름을 붙이면서 몸의 가장 높고/ 낮은 위치, 몸의 가장 넓은 범위에 대하여 인식

언어문해
- 일과 및 시각과 관련된 정보를 그림과 글자로 기록하는 경험
- 일과 및 시각과 관련된 정보를 누구나 해석하고 이해할 수 있도록 상징 또는 도안으로 제시하는 경험
- 생각과 아이디어, 지식 등을 나누면서 대화를 잘 듣고 이야기의 흐름에 맞게 의견을 제시하는 경험

사회정서
- 그림자 시계를 만드는 과정에서 친구와 더불어 생각과 질문을 나누고 해결 과정을 함께 함
- 불편한 감정을 적절하게 표현하는 경험
- 시간에 대해 자율적으로 사고하고 일과시간을 협의하여 운영하는 경험
- 어린 동생을 배려하고 필요한 지식을 공유함으로써 그림자 시계 놀이에 다같이 참여하는 즐거움을 느끼게 됨

자연환경
- 빛과 그림자 놀이를 하기 위해서 날씨의 변화와 햇빛의 강도에 주의를 기울이게 됨
- 교실에서 보는 해가 어디서 어디로 움직이는지를 관찰하고 예측
- 해의 움직임이 시간의 흐름과 관련된다는 것을 알고 그 시각에 해야 할 일을 준비

예술경험
- 셀로판 필름이 투과된 여러 가지 색과 모양의 이미지를 탐색
- 색깔 빛 윤곽선을 반복하여 그리면서 움직임의 연속적인 흐름에 대해 탐색

창의탐구
- 빛의 투과성을 활용하여 햇빛이 들어오는 시각과 위치의 변화를 기록함으로써 어린이만의 그림자 시계를 만듦
- 그림자 시계를 다시 만들면서 첫 시도에서의 문제점을 보완함으로써 개선된 시계를 만들어가는 논리적 과정을 경험
- 하루일과를 중심으로 시간의 반복과 흐름 등 시간의 연속성에 대해 이해

놀이와 연결된 어린이의 배움은 어린이가 경험하고 있는 배움의 내용 중 몇 가지를 정리한 것이다. 배움의 내용은 개별 어린이마다 다를 수 있으며 어린이와 놀이는 수많은 가능성을 가지고 있다. 교사는 이러한 배움의 내용을 참고하여 어린이의 경험을 읽어 내며 전문가로 성장해 갈 수 있다.

부록

놀이환경 · 추천도서 · 에필로그

빛 놀이 지원을 위한 다양한 자료들

조명 종류	라이트테이블, 라이트박스, OHP, 손전등, 자연의 빛, 색조명, 라인조명, 센서등, 터치등, 오로라 무드등, 집게조명….
투명한 자료 종류	투명·불투명 놀잇감, 투명 용기, 투명 볼, 투명 필름지에 인쇄한 사진 및 그림, 투명 이젤, 아크릴 조각, 아크릴박스, 페트병….
블록 종류	색블록, 아크릴 원목 블록, 거울 블록….
디지털 및 기기 종류	스크린, 빔프로젝터, 노트북/컴퓨터, CD, 미러볼, 거울, 영상, 선풍기….
천 종류	암막천, 다양한 재질의 조각천….
종이 종류	셀로판지, 홀로그램지, 도일리페이퍼, 휴지, 한지, 포일지, 트레싱지, 아스테이트지, OHP 투명필름지, PVC필름지….
액체 종류	물감, 물, 색물….
끈 종류	철망, 낚시줄, 레이스, 끈, 철사….
펜 종류	플래쉬펜, UV펜….
매트 종류	고무판, 테이블매트….
그 외 기타	색모래, 식용색소, 스포이드, 비즈, 솜, 스펀지, 자연물, 유토….

자료 및 공간

OHP와 다양한 자료들 — OHP 기기의 특징을 활용하여 일상 사물이나 도구를 갖고 빛이 투과 되는 경험, 그림자 놀이 등 다양한 놀이를 시도해 볼 수 있다.

❶ OHP, 빛이 투과되는 색블록, 투명한 색 비즈, 구슬, 끈
❷ 투명한 숟가락, 포크, 색구슬, 철사, 솜
❸ 다양한 무늬의 레이스 천 조각, 리본끈
❹ 굵기와 색이 다양한 색 튜브
❺ 굵기와 질감이 다양한 홀로그램 조각, 그물망, 수세미 조각, 형태가 다채롭고 구멍이 있는 플라스틱 조각, 철 조각, 단추, CD, 모양자
❻ 거울지, 화이트 보드 판

| 손전등과 다양한 자료들 | 밝기의 세기, 색, 크기가 다양한 손전등을 활용하여 다양한 사물과 벽, 천장 등 주변을 유연하게 살피며 놀이를 만들어 나갈 수 있다. |

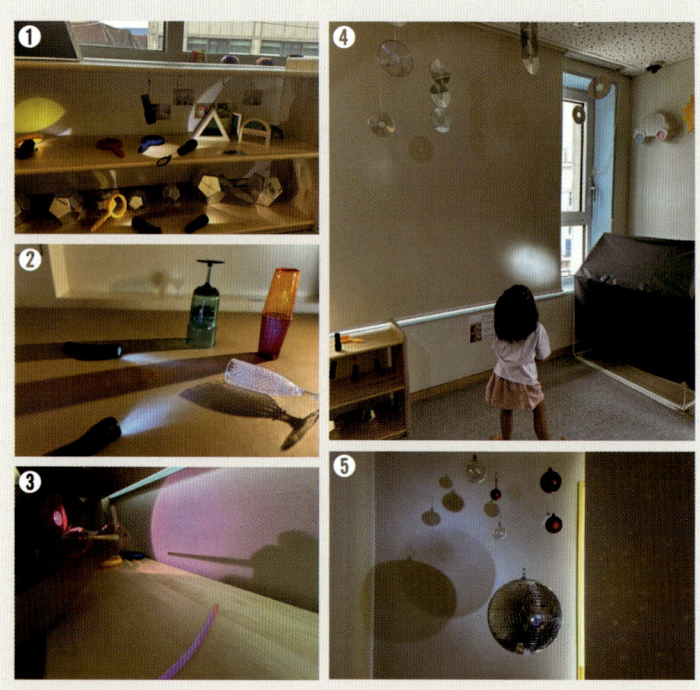

❶ 빛의 세기가 다양한 손전등, 색블록, 크리스탈 다면체 블록, 돋보기
❷ 손전등, 투명한 용기, 색깔 플라스틱 컵, 무늬가 있는 투명컵
❸ 어두운 공간, 색 손전등, 흰 벽면, 다양한 사물 조각
❹ 손전등, 낚시줄에 매달린 CD, 흰 벽면과 천장
❺ 낚시줄, 크기가 다양한 미러볼, 트리 볼 오너먼트

| 빛 놀이 공간 | 자투리 공간, 창문 옆 공간 등 의도가 담긴 빛 놀이 공간에서 거울지, 안전거울, 암막천을 활용하여 몰입의 경험할 수 있다. |

❶ 거울지, LED 큐브 조명의자
❷ 암막천 공간, 집모양 폴대

| 스탠드와 다양한 자료들 | 다양한 크기와 높낮이의 스탠드, 집게 조명과 같이 보조 조명을 통해 특정 사물이나 공간을 또 다른 시각으로 바라보며 놀이할 수 있다. |

❶ 철제바구니, 채망, 흰 매트, 스탠드
❷ 무늬가 있는 천, 스탠드, 흰 벽
❸ 선반, 물, 거울, 자연물, 스탠드

| 자연광과 다양한 자료들 | 창문을 통해 들어오는 자연 빛과 채광을 느끼고 빛이 투과·반사되는 놀잇감을 활용하여 빛 놀이를 풍성하게 즐길 수 있다. |

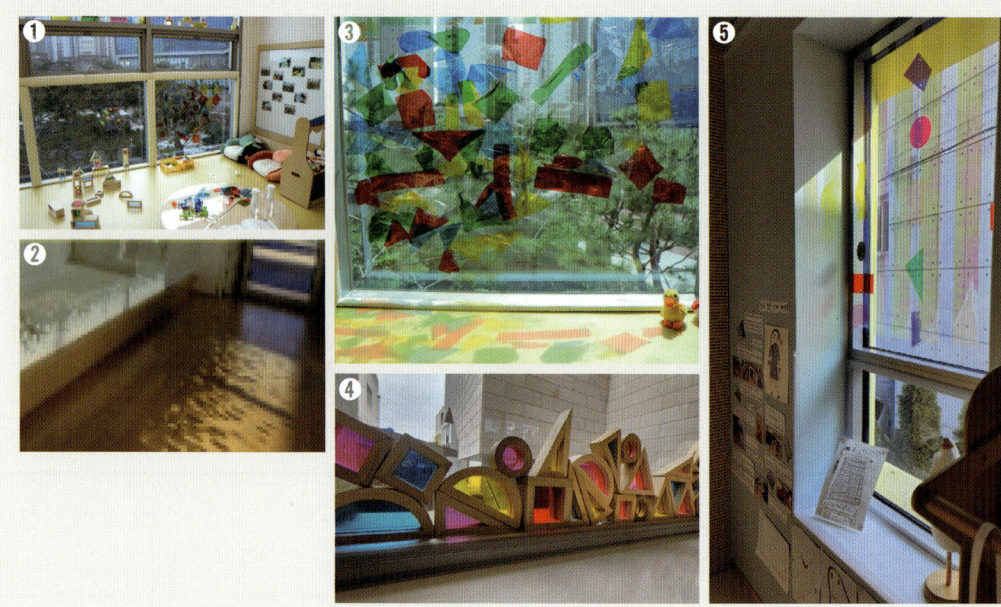

❶ 밝기 정도가 다양한 손전등, 색 블록, 미러블록, 돋보기
❷ 빛이 투과하는 공간 구성
❸ 크기가 다양한 색 셀로판지, 분무기
❹ 크기가 다양한 레인보우 원목 아크릴 블록
❺ 코팅된 셀로판지, 색 아크릴 조각, 낚시줄

| 라이트테이블과 다양한 자료들 | 다양한 형태·색상의 라이트테이블에서 다양한 놀잇감을 가지고 빛과 열을 이용하여 놀이를 구성할 수 있다. |

❶ 라이트테이블, 색물, 크기가 다양한 투명 원통
❷ 투명한 용기, 숟가락, 입자와 색이 다양한 채소, 과일류
❸ 라이트테이블, 입자나 색이 다양한 모래
❹ 투명한 아크릴 색 블록, 투명 색 비즈, 아크릴 접시, 라이트테이블
❺ 말린 꽃과 풀, 구멍과 조직의 크기가 다양한 자연물, 원형 라이트테이블
❻ 거울지, 다양한 크기의 구슬, 비즈, 낚시줄, 라이트테이블
❼ 유토, 옹기토, 점토, 찍기 도구, 자연물, 아스테이지를 씌운 라이트테이블
❽ 큰 안전거울, 색 블록, 동물 모형, 라이트테이블

> **그 외의 다양한 자료들** — 이동이 용이한 다양한 종류의 조명을 교실 내 다른 놀잇감과 연결 지어 새로운 놀이로 확장할 수 있다.

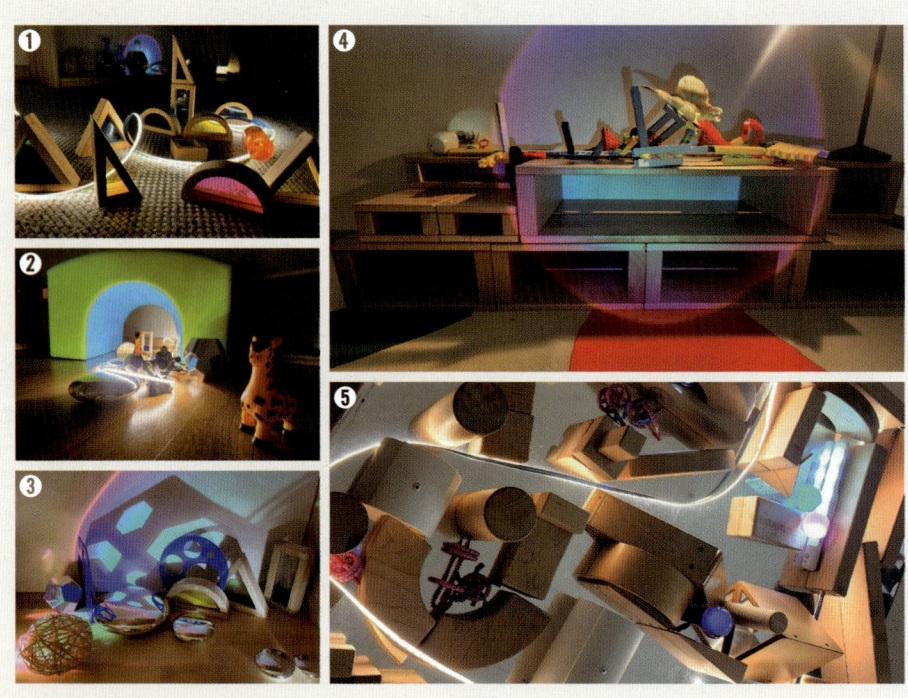

❶ 라인조명, 터치조명, 컵블록, 컬러 윈도우블록
❷ 터널모양 폼블록, 라인조명, 미니어처(동물, 자동차, 사람)
❸ 오로라 무드등, 아크릴 모양자, 지끈공, 실버스톤(감각 놀잇감)
❹ 유니트 블록, 레고블록, 모형, 오로라 무드등
❺ 거울스텝박스, 유니트블록, 부착형 벽조명

놀이환경 예시 영상

빛놀이를 할 때 참고할 수 있는 놀이환경 영상입니다.

영유아용 도서

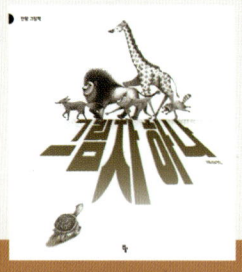
『그림자 하나』
채승연(저자)
2018, 반달(킨더랜드)

『모두가 빛나요』
에런 베커(글),
루시드 폴(번역)
2020, 웅진주니어

『당신은 빛나고 있어요』
에런 베커(글),
루시드 폴(번역)
2019, 웅진주니어

『툭』
이연(저자)
2019, 한솔수북

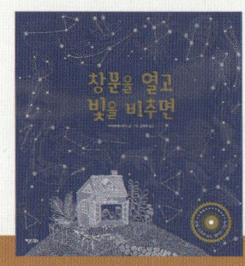
『창문을 열고 빛을 비추면』
아이네 베스타드(글),
김정하(번역)
2022, 키다리

『당신의 빛』
강경수(저자)
2022, 모든요일그림책

『딸깍! 불빛을 비추면』
리지 보이드(저자)
2014, 키즈엠

『자꾸 그림자가 따라와요!』
지시우(저자)
2020, 주니어RHK

『겨울 빛』
에런 베커(저자),
이상교(번역)
2024, 웅진주니어

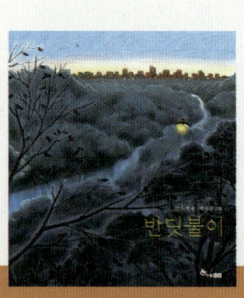
『반딧불이』
안도현(글),
백대승(그림)
2019, 한솔수북

『달샤베트』
백희나(저자)
2024, 스토리보울

『반짝반짝』
정인화(저자)
2022, 짙따

『불꽃머리를 펼쳐라』
이연(저자)
2020, 한솔수북

『햇빛은 무슨 색깔일까?』
곽영직(글),
이형진(그림)
2006, 웅진주니어

『어느 날, 그림자가 탈출했다』
미셸 쿠에바스(글)
시드니 스미스(그림),
김지은(번역)
2023, 책읽는곰

   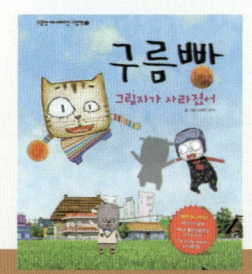 

『반짝반짝 반딧불이 춤춘다』
아드리앵 드몽(저자),
나선희(번역)
2023, 책빛

『한밤의 선물』
홍순미(저자)
2015, 봄봄출판사

『별을 사랑한 두더지』
브리타 테켄트럽(저자), 김서정(번역)
2018, 봄봄출판사

『구름빵 '그림자가 사라졌어'』
GIMC, DPS(글)
2011, 한솔수북

『반짝이』
양선(저자)
2022, 소원나무

영유아용 도서

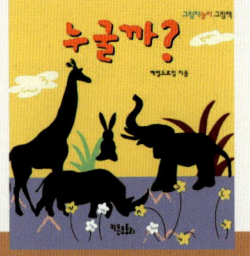

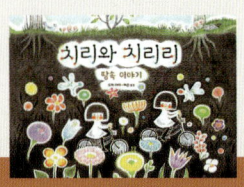
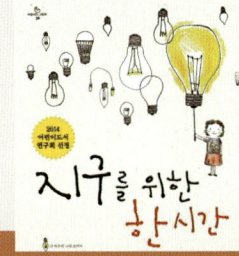

『그림자 놀이』
이수지(저자)
2010, 비룡소

『누굴까?』
혜영드로잉(저자)
2022, 키큰도토리

『달글라스』
민지은(저자)
2023, 킨더랜드

『치리와 치리리 땅속 이야기』
도이 카야(저자),
허은(번역)
2024, 봄봄출판사

『지구를 위한 한 시간』
박주연(글),
조미자(그림)
2019, 한솔수북

『그림자는 어디로 갔을까?』
이주희(저자)
2021, 한림출판사

『물고기 씨앗』
이상교(글),
이소영(그림)
2023, 한솔수북

『햇빛놀이』
나명남(저자)
2022, 웅진주니어

『캠핑 좀 하는 고양이 루이』
의자(저자)
2022, 한솔수북

『어둠의 마법』
프란체스카 스코티(글),
클라우디아 팔마루치(그림), 나선희(번역)
2023, 책빛

『투명한 동화나라』
아오야마 히나(저자), 위정훈(번역), 책뜨락, 2017

『불을 꺼 봐요!』
리처드 파울러(저자), 서남희(번역), 보림, 2021

『그림자는 내 친구』
박정선(글), 이수지(그림), 길벗어린이, 2014

『파랑이와 노랑이』
레오 리오니(저자), 물구나무, 2003

『색깔 손님』
안트예 담(저자), 유혜자(번역), 한울림어린이, 2015

『앗 깜깜해』
존 로코(저자), 김서정(번역), 다림, 2012

『드래곤은 어디에 있을까요?』
레오 티머스(저자)
2023, 봄이아트북스

『별이 좋아』
마거릿 와이즈 브라운(글), 이성표(그림), 보림, 2005

『나는 깜깜한 게(별로) 무섭지 않아요!』
안나 밀버른(글), 대니어 리얼리(그림),
이혜명(번역), 어스본코리아, 2019

『그림자가 갖고 싶어』
이혜다(글), 이주연(그림), 별똥별, 2024

『누구 그림자일까?』
최숙희(저자), 보림, 2000

『조지와 제멋대로 그림자』
다비드 칼리(글), 세르주 블로크(그림),
엄혜숙(번역), 국민서관, 2018

『그림자는 따라쟁이!』
미야코시 아키코(저자), 고향옥(번역),
비룡소, 2016

『피트와 그림자』
안리오(저자), 길벗어린이, 2022

『새 그림자』
김규정(저자), 보리, 2023

『캡틴 크누트와 멍청한 그림자』
빅터 엔버스(저자), 윤영(번역), 예림당, 2022

- **『그림자가 엄마를 삼켰어』**
  김들숲 · 김선주 · 김인경(글), 금나현 · 김지은(그림),
  아이큐비타민, 2023

- **『빛을 가져온 갈까마귀』**
  제럴드 맥더멋(저자), 서남희(번역), 열린어린이, 2011

- **『빛을 찾아서』**
  박현민(저자), 달그림, 2022

- **『책 가면 놀이』**
  에르베 튈레, 루크북스, 2021

- **『손가락 놀이』**
  에르베 튈레, 루크북스, 2021

- **『빛 놀이』**
  에르베 튈레, 루크북스, 2021

- **『형태 놀이』**
  에르베 튈레, 루크북스, 2021

- **『반사 놀이』**
  에르베 튈레, 루크북스, 2021

- **『그림자 놀이』**
  에르베 튈레, 루크북스, 2021

교사용 도서

『컬러 앤 라이트』
제임스 거니(저자),
김지혜(번역)
2024, 잉크잼

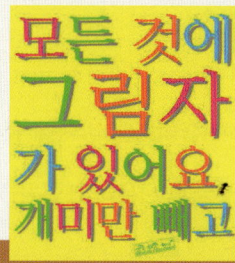
『모든 것에 그림자가 있어요,
개미만 빼고』
Reggio Children s.r.l. (저자),
오문자(번역) 2023, 도담서가

『흔적, 말, 재료의 모자이크』
Reggio Children s.r.l. 저자(글),
Sohyun Meacham, 오문자(번역)
2023, 도담서가

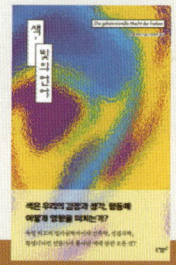
『색, 빛의 언어』
악셀 뷔터(글),
이미옥(번역)
2022, 니케북스

『자연과 빛이 있는 생각하는
공간 만들기
: 레지오 환경 원리의 적용』
김은희(저자)
2007, 창지사

『교육지원자로서의 환경
:어린이의 배움, 놀이, 생각을
바꾸다』
김희진, 박은혜, 김현주,
김언경, 박혜림(글)
2017, 파란마음

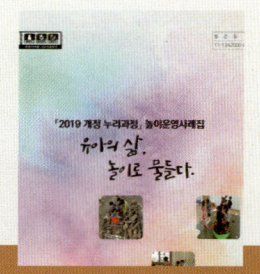

『2019 누리과정 놀이운영사례집 중에서
- 유아의 삶, 놀이로 물들다: 우리반에 찾아온 무지개
- 유아의 삶, 놀이로 물들다: 그림자 인형극
- 놀이, 유아가 만나고 살아가는 힘: 놀러와, 햇빛!』

에필로그 1세

어린이 이름은 '겸이'
자신의 그림자를 보고 손을 뻗으며 말한다.

"겸이"

1

크게 출력하여 바닥에 붙여 놓은 어린이 그림자!

"시윤이! 시윤이 그림자!"

시윤이는 자기 그림자에 색연필과 솔방울로
눈, 코, 입을 완성한다.

2

교구장 아래 하얗게 빛나는 것은
퍼즐조각!

며칠을 반복해서
교구장 밑을 비추는 어린이!
교사도 궁금한 마음에
손전등을 비추어 본다.

3

가운데 어린이는 문별이다.
오른쪽 어린이가 손으로 가리키며
"별이"

왼쪽 어린이가 발로 가리키며 **"별!"**
문별은 자기 그림자를 바라본다.

"어? 시원이. 시원이 그림자."

(손 흔들면서)

"안녕~"

에필로그 2세

책상 그림자로 인해
길쭉한 선 모양의 빛이 나타났다.
"여기 길쭉하게 뱀이 있어요! 아 무서워~"

창문의 시트지로
줄무늬 모양의 그림자가 생겼다.
"여기 횡단보도다!
 보검이 횡단보도 건너가요!"

"빨간색이야!"
"아 뜨거워!"

"내가 파란색으로 차갑게 해 줄게!"

3

여러 가지 색깔의 불투명 놀잇감을
OHP에 올려놓는다.
원래 놀잇감의 색은 안 보이고
검은 그림자가 나타난다.

"검은색이다!"
"검은색이 색깔을 다 가져갔나 봐-!"

나비 모빌에 손전등을 비추어 생긴
그림자가 손에 생겼다.

"손에 나비 앉어!"

에필로그 2세

1

"여기에는 엄마 동그라미가 아주 커요."

"선생님! 이것 좀 봐요.
이렇게 하면 동그라미가 생겨요."
"여기에는 아기 동그라미가 있어요."

2

토끼인형이 창문 근처에 놓여 있다.

"토끼가 파티장에 놀러 왔어요."
"아직 파티준비 다 안 했는데?"
"파티 시작하는 거 기다리고 있어~"

"얘 생일이야. 이건 마카롱 케이크"
"생일 축하합니다~ 생일 축하합니다~"
"생일 축하해."

3

"조심해! 괴물손이 나타났어!"

창문으로 들어오는 빛에
조심스럽게 발을 올린다.

"따뜻해~"

에필로그 3세

1 손전등을 가지고 복도 이곳저곳을 비춰 보다가 엘리베이터를 비췄다.

"선생님 여기 봐봐요!"
"여기 불빛이 길~어요. 엄청 길다!"

"이게(블록)이 껍질이고,
이게(그림자) 달팽이 몸이에요.
그런데 눈이 없어요."

어린이는 달팽이 눈을 만들어 준다.

2

"기다려 봐! 내가 그림자 그려 줄게."
"알았어. 예쁘게 그려 줘."

"그림자도 살아 있었으면 좋겠다."
"그럼 눈, 코 , 입 그리면 되지~"
"알았어. 그려 줄게. 짠!
그림자도 이제 살아 있다."

에필로그 3세

비가 오는 날! 어린이는 창밖을 쳐다본다.

"오늘은 그림자도 없고 알록달록한 빛도 바닥에 안 보여요."
"해가 있어야 하는데…"

교사는 해가 떠 있는 낮인데 왜 그림자가 안 생기는지 갸웃한다.

"음… 눈 부실 정도나 따뜻해야 그림자가 생기는데 오늘은 그러지 않아서요."

2

"물은 잡을 수 없어. 계속 흐르고 움직여…
빛도 잡을 수 없어. 왜냐하면 계속 움직이고 흐르니까."

3

"여기 그림자가 있잖아요! 그럼 빛이 있는 거예요."

에필로그 4세

"햇님이랑 구름이랑 싸우고 있다!"
"햇님아 이겨라! 이겨라!"
"지금 구름이 막고 있었는데 햇님이 이기고 있어!"
"이겼다!!!"

2

한강을 건너던 어린이들, 다리 중간 즈음 멈추어 선다.

"반짝거려 반짝반짝"
"그게 다 햇님 때문이야."

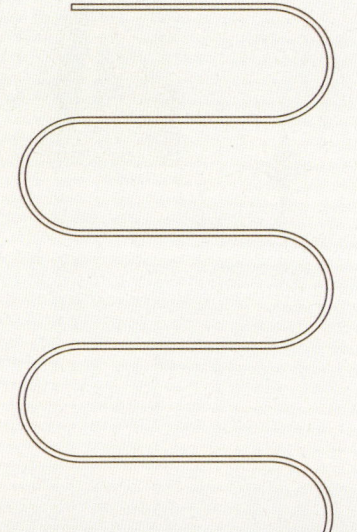

에필로그 4-5세

"우와! 뭔가 에펠탑 같다!"
"우리 에펠탑 그려 보자!"
"나도 할래!"
"선생님 에펠탑 사진 좀 보여 줄 수 있어요?"

"선생님 불 꺼줄 수 있어요?
그러면 그림자가 잘 보이거든요~!"
"맞아! 그때도 불 끄니까 더 그림자가 검정색이었어!"

교사는 전등불을 잠시 껐다.

"어!! 아까보다 세모가 더 잘 보인다!"
"진짜 멋지다! 사진 같아~"

참여 어린이집

EBS직장어린이집

LB루셈어린이집

LG CNS어린이집

the KIDS 대방어린이집

the KIDS 여의도1어린이집

the KIDS 여의도2어린이집

경기꿈드림어린이집

경기남부경찰청어린이집

광명시청직장어린이집

기아화성어린이집

롯데케미칼첨단소재여수mom편한어린이집

여수경찰서어린이집

종근당키즈벨어린이집

풀무원어린이집

한세예스24어린이집

한화솔루션여천NCC공동어린이집

현대ITC어린이집

현대양재어린이집

현대자동차아산어린이집

현대제철&IMC어린이집

한솔어린이보육재단
한솔영유아교육과정 놀이 이야기 1 빛놀이

발행일	2025년 3월 1일
지은이	한솔어린이보육재단 한솔영유아교육연구소
주소	서울시 마포구 월드컵북로 361(상암동) 한솔교육빌딩 29층
대표번호	02-2001-5918
팩스	02-2001-5959
전자우편	hansol@hansolhope.or.kr
홈페이지	www.hansolhope.or.kr
디자인	김사라
펴낸곳	도담서가
펴낸이	박연정
출판등록	제2019-000174호
주소	서울시 마포구 월드컵북로 361(상암동) 한솔교육빌딩 22층
대표번호	02-303-5632
전자우편	dodamseoga2023@gmail.com
ISBN	979-11-970329-8-1 93370

이 책은 저작권법의 보호를 받는 저작물이므로 무단전재와 무단복제를 금합니다.